あ [a]	い [i]	う [u]	え [e]	お [o]
か [ka]	き [ki]	く [ku]	け [ke]	こ [ko]
さ [sa]	し [shi]	す [su]	せ [se]	そ [so]
た [ta]	ち [chi]	つ [tsu]	て [te]	と [to]
な [na]	に [ni]	ぬ [nu]	ね [ne]	の [no]
は [ha]	ひ [hi]	ふ [hu/fu]	へ [he]	ほ [ho]
ま [ma]	み [mi]	む [mu]	め [me]	も [mo]
や [ya]		ゆ [yu]		よ [yo]
ら [ra]	り [ri]	る [ru]	れ [re]	ろ [ro]
わ [wa]				を [wo]
ん [n]				

히라가나 (ひらがな)

あ [a]	い [i]	う [u]	え [e]	お [o]
か [ka]	き [ki]	く [ku]	け [ke]	こ [ko]
さ [sa]	し [shi]	す [su]	せ [se]	そ [so]
た [ta]	ち [chi]	つ [tsu]	て [te]	と [to]
な [na]	に [ni]	ぬ [nu]	ね [ne]	の [no]
は [ha]	ひ [hi]	ふ [hu/fu]	へ [he]	ほ [ho]
ま [ma]	み [mi]	む [mu]	め [me]	も [mo]
や [ya]		ゆ [yu]		よ [yo]
ら [ra]	り [ri]	る [ru]	れ [re]	ろ [ro]
わ [wa]				を [wo]
ん [n]				

히라가나 (ひらがな)

あ [a]	い [i]	う [u]	え [e]	お [o]
か [ka]	き [ki]	く [ku]	け [ke]	こ [ko]
さ [sa]	し [shi]	す [su]	せ [se]	そ [so]
た [ta]	ち [chi]	つ [tsu]	て [te]	と [to]
な [na]	に [ni]	ぬ [nu]	ね [ne]	の [no]
は [ha]	ひ [hi]	ふ [hu/fu]	へ [he]	ほ [ho]
ま [ma]	み [mi]	む [mu]	め [me]	も [mo]
や [ya]		ゆ [yu]		よ [yo]
ら [ra]	り [ri]	る [ru]	れ [re]	ろ [ro]
わ [wa]				を [wo]
ん [n]				

히라가나 (ひらがな)

あ [a]	い [i]	う [u]	え [e]	お [o]
か [ka]	き [ki]	く [ku]	け [ke]	こ [ko]
さ [sa]	し [shi]	す [su]	せ [se]	そ [so]
た [ta]	ち [chi]	つ [tsu]	て [te]	と [to]
な [na]	に [ni]	ぬ [nu]	ね [ne]	の [no]
は [ha]	ひ [hi]	ふ [hu/fu]	へ [he]	ほ [ho]
ま [ma]	み [mi]	む [mu]	め [me]	も [mo]
や [ya]		ゆ [yu]		よ [yo]
ら [ra]	り [ri]	る [ru]	れ [re]	ろ [ro]
わ [wa]				を [wo]
ん [n]				

히라가나 (ひらがな)

あ [a]	い [i]	う [u]	え [e]	お [o]
か [ka]	き [ki]	く [ku]	け [ke]	こ [ko]
さ [sa]	し [shi]	す [su]	せ [se]	そ [so]
た [ta]	ち [chi]	つ [tsu]	て [te]	と [to]
な [na]	に [ni]	ぬ [nu]	ね [ne]	の [no]
は [ha]	ひ [hi]	ふ [hu/fu]	へ [he]	ほ [ho]
ま [ma]	み [mi]	む [mu]	め [me]	も [mo]
や [ya]		ゆ [yu]		よ [yo]
ら [ra]	り [ri]	る [ru]	れ [re]	ろ [ro]
わ [wa]				を [wo]
ん [n]				

가타카나(カタカナ)

ア [a]	カ [ka]	サ [sa]	タ [ta]	ナ [na]	ハ [ha]	マ [ma]	ヤ [ya]	ラ [ra]	ワ [wa]
イ [i]	キ [ki]	シ [shi]	チ [chi]	ニ [ni]	ヒ [hi]	ミ [mi]		リ [ri]	
ウ [u]	ク [ku]	ス [su]	ツ [tsu]	ヌ [nu]	フ [hu/fu]	ム [mu]	ユ [yu]	ル [ru]	ン [n]
エ [e]	ケ [ke]	セ [se]	テ [te]	ネ [ne]	ヘ [he]	メ [me]		レ [re]	
オ [o]	コ [ko]	ソ [so]	ト [to]	ノ [no]	ホ [ho]	モ [mo]	ヨ [yo]	ロ [ro]	ヲ [wo]

가타카나(カタカナ)

ア [a]	カ [ka]	サ [sa]	タ [ta]	ナ [na]	ハ [ha]	マ [ma]	ヤ [ya]	ラ [ra]	ワ [wa]
イ [i]	キ [ki]	シ [shi]	チ [chi]	ニ [ni]	ヒ [hi]	ミ [mi]		リ [ri]	
ウ [u]	ク [ku]	ス [su]	ツ [tsu]	ヌ [nu]	フ [hu/fu]	ム [mu]	ユ [yu]	ル [ru]	ン [n]
エ [e]	ケ [ke]	セ [se]	テ [te]	ネ [ne]	ヘ [he]	メ [me]		レ [re]	
オ [o]	コ [ko]	ソ [so]	ト [to]	ノ [no]	ホ [ho]	モ [mo]	ヨ [yo]	ロ [ro]	ヲ [wo]

가타카나(カタカナ)

ア [a]	カ [ka]	サ [sa]	タ [ta]	ナ [na]	ハ [ha]	マ [ma]	ヤ [ya]	ラ [ra]	ワ [wa]
イ [i]	キ [ki]	シ [shi]	チ [chi]	ニ [ni]	ヒ [hi]	ミ [mi]		リ [ri]	
ウ [u]	ク [ku]	ス [su]	ツ [tsu]	ヌ [nu]	フ [hu/fu]	ム [mu]	ユ [yu]	ル [ru]	ン [n]
エ [e]	ケ [ke]	セ [se]	テ [te]	ネ [ne]	ヘ [he]	メ [me]		レ [re]	
オ [o]	コ [ko]	ソ [so]	ト [to]	ノ [no]	ホ [ho]	モ [mo]	ヨ [yo]	ロ [ro]	ヲ [wo]

가타카나(カタカナ)

ア [a]	カ [ka]	サ [sa]	タ [ta]	ナ [na]	ハ [ha]	マ [ma]	ヤ [ya]	ラ [ra]	ワ [wa]
イ [i]	キ [ki]	シ [shi]	チ [chi]	ニ [ni]	ヒ [hi]	ミ [mi]		リ [ri]	
ウ [u]	ク [ku]	ス [su]	ツ [tsu]	ヌ [nu]	フ [hu/fu]	ム [mu]	ユ [yu]	ル [ru]	ン [n]
エ [e]	ケ [ke]	セ [se]	テ [te]	ネ [ne]	ヘ [he]	メ [me]		レ [re]	
オ [o]	コ [ko]	ソ [so]	ト [to]	ノ [no]	ホ [ho]	モ [mo]	ヨ [yo]	ロ [ro]	ヲ [wo]

가타카나(カタカナ)

ア [a]	カ [ka]	サ [sa]	タ [ta]	ナ [na]	ハ [ha]	マ [ma]	ヤ [ya]	ラ [ra]	ワ [wa]
イ [i]	キ [ki]	シ [shi]	チ [chi]	ニ [ni]	ヒ [hi]	ミ [mi]		リ [ri]	
ウ [u]	ク [ku]	ス [su]	ツ [tsu]	ヌ [nu]	フ [hu/fu]	ム [mu]	ユ [yu]	ル [ru]	ン [n]
エ [e]	ケ [ke]	セ [se]	テ [te]	ネ [ne]	ヘ [he]	メ [me]		レ [re]	
オ [o]	コ [ko]	ソ [so]	ト [to]	ノ [no]	ホ [ho]	モ [mo]	ヨ [yo]	ロ [ro]	ヲ [wo]

가타카나(カタカナ)

ア [a]	カ [ka]	サ [sa]	タ [ta]	ナ [na]	ハ [ha]	マ [ma]	ヤ [ya]	ラ [ra]	ワ [wa]
イ [i]	キ [ki]	シ [shi]	チ [chi]	ニ [ni]	ヒ [hi]	ミ [mi]		リ [ri]	
ウ [u]	ク [ku]	ス [su]	ツ [tsu]	ヌ [nu]	フ [hu/fu]	ム [mu]	ユ [yu]	ル [ru]	ン [n]
エ [e]	ケ [ke]	セ [se]	テ [te]	ネ [ne]	ヘ [he]	メ [me]		レ [re]	
オ [o]	コ [ko]	ソ [so]	ト [to]	ノ [no]	ホ [ho]	モ [mo]	ヨ [yo]	ロ [ro]	ヲ [wo]

쉽고
간단하게
배우는
—

YBM 초간단 일본어 ②

YBM YBM 홀딩스

쉽고 간단하게 배우는 **YBM**
초간단 일본어 ❷

발행인	민선식
펴낸곳	와이비엠홀딩스

저자	YBM 일본어연구소
기획	고성희
마케팅	정연철, 박천산, 고영노, 박찬경, 김동진, 김윤하
디자인	이미화, 박성희
일러스트	민들레

초판 인쇄	2020년 6월 1일
초판 발행	2020년 6월 8일

신고일자	2012년 4월 12일
신고번호	제2012-000060호
주소	서울시 종로구 종로 104
전화	(02)2000-0154
팩스	(02)2271-0172
홈페이지	www.ybmbooks.com

ISBN 978-89-6348-171-5

일본어는 우리에게 있어 여러 의미에서 익숙한 언어라고 할 수 있습니다. "일본어 한번쯤 시작해 보지 않은 사람이 어디 있어?"라는 말을 할 정도니까요. 하지만 실상 올바른 일본어를 구사할 줄 아는 사람은 별로 많지 않습니다.

일본어 공부가 용두사미로 끝나는 이유는 여러 가지가 있겠지만, 가장 큰 이유는 오래 지속적으로 공부하기 쉽지 않다는 것, 그리고 기초를 다지지 않고 수박 겉핥기 식으로 공부를 하기 때문일 것입니다.

일본어를 배우는 목적이 무엇이든, 기초를 확실히 다지지 않고서는 습득하기 어렵습니다. 그래서 이 책에서는 간과하기 쉬운 기초적인 부분들을 놓치지 않도록 꼼꼼하게 살피고, 재미있게 여러 번 복습할 수 있도록 만들었습니다.

또한 일상회화는 물론 시험까지 대비할 수 있도록 핵심 표현만을 엄선하여 실었으므로, 반복해서 학습하시기 바랍니다.

이 책의 특징은 한 과당 학습해야 할 표현을 4개로 제한하여 학습자의 부담을 줄였고, 각 과의 코너를 회화, 포인트 문법, 패턴 훈련, 듣기 훈련, 말하기 훈련으로 나눠서 핵심 표현을 여러 형태로 반복 연습할 수 있도록 구성했습니다. 특히 해당 과의 마지막에 있는 말하기 훈련은 그 과에서 학습한 내용을 최종적으로 직접 말로 연습할 수 있도록 다양한 형태로 만들었습니다. 실제로 일본 사람과 대화를 하는 것처럼 입에서 술술 나올 수 있도록 연습해 보시기 바랍니다.

외국어는 필요할 때 시작하면 늦었다는 말이 있습니다. 일본어를 취미 삼아 미리 학습해 두는 것이야말로 미래를 위한 진정한 투자라고 생각합니다. 아무쪼록 이 책이 탄탄한 일본어 실력을 쌓는 데 밑거름이 되어, 일본어라는 새로운 세계에 진입하는 길잡이가 되었으면 하는 바람입니다.

YBM 일본어연구소

이 책의 구성과 특징

학습 목표

각 과의 핵심 표현을 실어 학습할 내용을 한눈에 파악할 수 있도록 했습니다.

회화

핵심 표현을 대화문를 통해 자연스럽게 익힐 수 있도록 했습니다. 두 번 반복되는 원어민의 음성을 듣고 따라 읽으면 좋은 학습 성과를 얻을 수 있습니다.

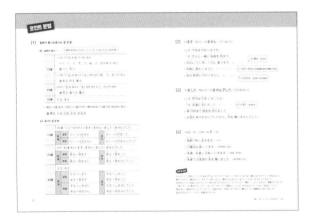

포인트 문법

핵심 표현을 주요 예문과 함께 실어 올바른 쓰임을 확실히 익힐 수 있도록 했습니다.

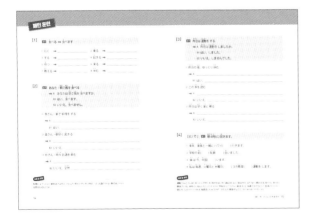

패턴 훈련

다양한 유형의 문제를 통해 핵심 표현을 완벽히 습득할 수 있도록 했습니다. 문장을 완성하면서 학습 성과를 체크해 봅시다.

4

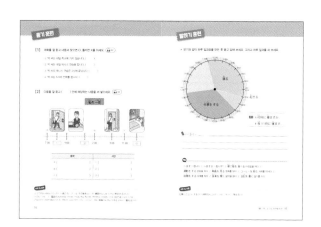

듣기 훈련

핵심 표현을 제대로 이해하고 습득했는지 체크하는 코너입니다. 내용을 잘 듣고 문제를 풀면서 듣기 능력을 키워 봅시다.

말하기 훈련

습득한 핵심 표현을 토대로 말을 할 수 있도록 만든 코너입니다. 실제로 일본 사람과 대화를 하듯 입에서 술술 나올 수 있도록 연습합시다.

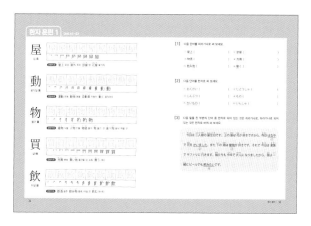

한자 훈련

3개의 과가 끝날 때마다 초급자가 익혀야 할 주요 한자만을 엄선하여 실었습니다. 한자와 관련어휘를 익힌 후 문제를 풀면서 제대로 익혔는지 점검해 보도록 합시다.

목차

7

8

01

今、どこに行きますか。
いま　　　　　　　い

지금 어디에 갑니까?

회화

金 山田さん、おはようございます。今、どこに 行きますか。

山田 コンビニに 行きます。金さんは 朝ご飯を 食べましたか。

金 はい、家で 食べました。山田さんは?

山田 私は コンビニで おにぎりを 食べます。

金さんは 何時に 起きますか。

金 私は 毎朝 6時に 起きます。

山田 えっ、早いですね。眠くないですか。

金 私は 朝型ですから、大丈夫です。山田さんは 夜型ですか。

山田 はい。私は 夜遅くまで 寝ませんから、朝 早いのは 無理です。

어휘 및 표현

おはようございます 안녕하세요 *아침에 하는 인사 今(いま) 지금 行(い)く 가다 コンビニ 편의점 朝(あさ)ご飯(はん) 아침밥
食(た)べる 먹다 おにぎり 주먹밥 起(お)きる 일어나다, 기상하다 毎朝(まいあさ) 매일 아침 えっ 앗, 네?
早(はや)い (시간적으로) 이르다 眠(ねむ)い 졸리다 い형용사의 어간+くない ~지 않다 朝型(あさがた) 아침형 (인간)
大丈夫(だいじょうぶ)だ 괜찮다 夜型(よるがた) 저녁형 (인간), 올빼미형 (인간) 夜遅(よるおそ)くまで 밤늦게까지 寝(ね)る 자다
～から ~이기 때문에, ~니까 *원인·이유 朝(あさ) 아침 い형용사의 어간+のは ~인 것은 無理(むり)だ 무리다

[1] 일본어 동사&동사의 ます형

❶ 일본어 동사 •⋯⋯⋯• 일본어의 모든 동사는 「う」단(う、く、ぐ、す、つ、ぬ、ぶ、む、る)으로 끝남

1그룹	① 어미가 「る」로 끝나지 않는 동사 (=う、く、ぐ、す、つ、ぬ、ぶ、む로 끝나는 동사) 例 行<u>く</u> 待<u>つ</u>
	② 어미가 「る」로 끝나고. 「る」 바로 앞이 「あ、う、お」단인 동사 例 ある 作<u>る</u> 乗<u>る</u>
2그룹	어미가 「る」로 끝나고. 「る」 바로 앞이 「い、え」단인 동사 例 見<u>る</u> 食べる 寝<u>る</u>
3그룹	する 来<u>る</u>

* 예외 1그룹 동사: 모양은 '2그룹'이지만, 예외적으로 '1그룹'으로 취급하는 동사

例 帰<u>る</u> 入<u>る</u> 切<u>る</u> 走<u>る</u> 知<u>る</u> 등

❷ 동사의 ます형

1그룹			어미를 「い」단으로 바꾸고 + ます / ません / ました / ませんでした		
	현재	긍정	行く→行きます	과거	行く→行きました
		부정	行く→行きません		行く→行きませんでした
2그룹			어미 「る」를 떼고 + ます / ません / ました / ませんでした		
	현재	긍정	見る→見ます	과거	見る→見ました
		부정	見る→見ません		見る→見ませんでした
3그룹			する 来る		
	현재	긍정	する→します 来る→来ます	과거	する→しました 来る→来ました
		부정	する→しません 来る→来ません		する→しませんでした 来る→来ませんでした

[2] ～ます ~합니다 / **～ません** ~하지 않습니다

- ┌ A : 今日は 何を しますか。
- └ B : 恋人と 一緒に 映画を 見ます。

  > ～に 乗る : ~을 타다

- 会社に 行く 時、バスに 乗ります。

- 部屋に 誰も いません。

  > 「～ます/～ません」은 현재형과 함께 미래형도 나타냄

- 私は 英語が 分かりません。

  > ～が 分かる : ~을 알다, ~을 이해하다

[3] ～ました ~했습니다 / **～ませんでした** ~하지 않았습니다

- ┌ A : 昨日は 何を しましたか。
- └ B : 友達に 会いました。

  > ～に 会う : ~을 만나다

- 夜 10時まで 彼女を 待ちました。

- お金が ありませんでしたから、何も 買いませんでした。

[4] ～に ~에, ~(으)로 / **～で** ~에서

- 毎朝 7時に 起きます。 *시간

- 日曜日は 家に います。 *존재하는 장소

- 来週、友達と 日本に 行きます。 *방향·목적지

- 本屋で 日本語の 本を 買いました。 *동작하는 장소

어휘 및 표현

行(い)く 가다 待(ま)つ 기다리다 ある (무생물·추상적인 것·식물이) 있다 作(つく)る 만들다 乗(の)る (탈것에) 타다 見(み)る 보다
食(た)べる 먹다 寝(ね)る 자다 する 하다 来(く)る 오다 帰(かえ)る 돌아가다, 돌아오다 入(はい)る 들어가다, 들어오다
切(き)る 자르다 走(はし)る 달리다, 뛰다 知(し)る 알다 恋人(こいびと) 연인, 애인 一緒(いっしょ)に 함께, 같이 映画(えいが) 영화
～時(とき) ~ 때 誰(だれ)も 아무도 いる (사람·동물이) 있다 英語(えいご) 영어 分(わ)かる 알다, 이해하다 会(あ)う 만나다
夜(よる) 밤 彼女(かのじょ) 그녀, 여자 친구 お金(かね) 돈 何(なに)も 아무것도 買(か)う 사다 毎朝(まいあさ) 매일 아침
起(お)きる 일어나다, 기상하다 本屋(ほんや) 서점

[1]

보기 食(た)べる ➡ 食(た)べます

① 行(い)く ➡ _____ ② 乗(の)る ➡ _____

③ する ➡ _____ ④ 起(お)きる ➡ _____

⑤ 待(ま)つ ➡ _____ ⑥ 来(く)る ➡ _____

⑦ 教(おし)える ➡ _____ ⑧ 休(やす)む ➡ _____

[2]

보기 あなた・朝(あさ)ご飯(はん)を 食(た)べる

➡ A あなたは 朝(あさ)ご飯(はん)を 食(た)べますか。

B1 はい、食(た)べます。

B2 いいえ、食(た)べません。

① 李(イ)さん・家(いえ)で 料理(りょうり)を する

➡ A _____

B1 はい、_____

② 森(もり)さん・朝早(あさはや)く 起(お)きる

➡ A _____

B2 いいえ、_____

③ 朴(パク)さん・時々(ときどき) お酒(さけ)を 飲(の)む

➡ A _____

B2 いいえ、全然(ぜんぜん) _____

어휘 및 표현

料理(りょうり) 요리 朝早(あさはや)く 아침 일찍 時々(ときどき) 때때로, 가끔 お酒(さけ) 술 飲(の)む 마시다
全然(ぜんぜん) 전혀

[3]

보기 昨日（きのう）は 運動（うんどう）を する

➡ A 昨日（きのう）は 運動（うんどう）を しましたか。

B1 はい、しました。

B2 いいえ、しませんでした。

① 昨日（きのう）の 夜（よる）、ゆっくり 休（やす）む

➡ A _____

B1 はい、_____

② この 本（ほん）を 読（よ）む

➡ A _____

B2 いいえ、_____

③ 昨日（きのう）は 早（はや）く 家（いえ）に 帰（かえ）る

➡ A _____

B2 いいえ、_____

[4]

[に / で] 보기 朝（あさ）6時（ろくじ）(に) 起（お）きます。

① 来年（らいねん）、家族（かぞく）と 一緒（いっしょ）に ハワイ(   ) 行（い）きます。

② 学校（がっこう）の 前（まえ）(   ) 友達（ともだち）(   ) 会（あ）いました。

③ 妹（いもうと）は 今（いま）、中国（ちゅうごく）(   ) います。

④ 私（わたし）は 毎週（まいしゅう）、火曜日（かようび）と 木曜日（もくようび）(   ) ヨガ 教室（きょうしつ）(   ) 運動（うんどう）を します。

어휘 및 표현

運動(うんどう) 운동 ゆっくり 천천히, 푹 休(やす)む 쉬다 読(よ)む 읽다 早(はや)く 일찍, 빨리 帰(かえ)る 돌아가다, 돌아오다
朝(あさ) 아침 来年(らいねん) 내년 ハワイ 하와이 学校(がっこう) 학교 前(まえ) 앞 友達(ともだち) 친구 会(あ)う 만나다
妹(いもうと) (자신의) 여동생 毎週(まいしゅう) 매주 ヨガ 요가 教室(きょうしつ) (기술 등을 가르치는) 교실

[1] 대화를 잘 듣고 내용과 맞으면 O, 틀리면 X를 하세요. 🎧 02

① 박 씨는 내일 학교에 가지 않습니다. (   )

② 박 씨는 내일 테니스 연습을 합니다. (   )

③ 박 씨의 테니스 연습은 3시에 끝납니다. (   )

④ 박 씨는 6시에 전화를 합니다. (   )

[2] 다음을 잘 듣고 (   ) 안에 해당하는 내용을 써 넣으세요. 🎧 03

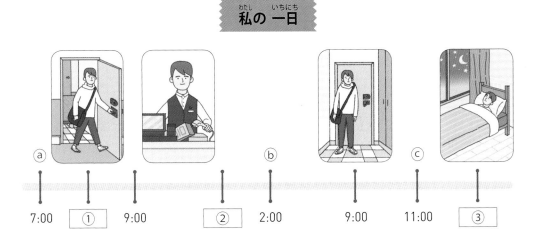

私(わたし)の 一日(いちにち)

7:00 ① 9:00 ② 2:00 9:00 11:00 ③

동작		시간	
ⓐ ( )		① ( )	
ⓑ ( )		② ( )	
ⓒ ( )		③ ( )	

어휘 및 표현

どうですか 어떻습니까? *권유 ～頃(ごろ) ～경, ～쯤 その後(あと) 그 후 練習(れんしゅう) 연습 終(お)わる 끝나다
～でも ～라도, ～나 電話(でんわ)する 전화하다 一日(いちにち) 하루 それから 그다음에, 그리고 出(で)る 나오다, 나가다
アルバイト 아르바이트(=바이트) それで 그래서 *원인·이유 ～ぐらい ～정도 勉強(べんきょう)する 공부하다 寝(ね)る 자다

16

★ 보기와 같이 하루 일과표를 만든 후 묻고 답해 보세요. 그리고 하루 일과를 써 보세요.

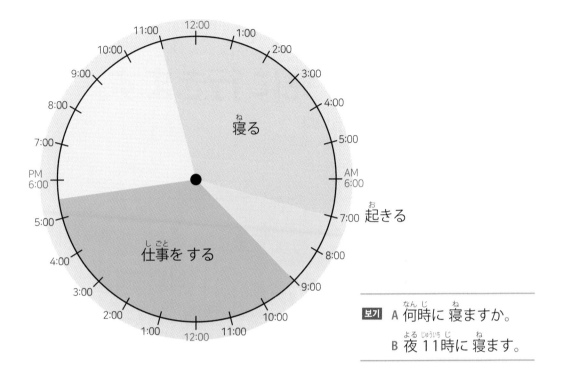

보기	A 何時に 寝ますか。
	B 夜 11時に 寝ます。

✏️ 써 봅시다 _____

_____

_____

💬 **Tip**

～ます ～합니다 / ～ますか ～합니까? / 朝ご飯を 食べる 아침밥을 먹다 /
運動を する 운동을 하다 / 映画を 見る 영화를 보다 / コーヒーを 飲む 커피를 마시다 /
宿題を する 숙제를 하다 / 音楽を 聞く 음악을 듣다 / 日記を 書く 일기를 쓰다

어휘 및 표현

仕事(しごと) 일 する 하다 何時(なんじ) 몇 시 ～に ～에 *시간 夜(よる) 밤

映画を 見に 行きます。

えいが　み　い

영화를 보러 갑니다.

학습 목표

1 동사의 ます형+に 行きます ~하러 갑니다 /
동사의 ます형+に 来ます ~하러 옵니다

2 동사의 ます형+たいです ~하고 싶습니다 /
동사의 ます형+たくないです ~하고 싶지 않습니다

3 ~ましょうか ~할까요? / ~ませんか ~하지 않겠습니까? /
~ましょう ~합시다

4 명사+で ~(으)로 *수단·도구·방법

회화

金　山田さん、4月 20日は 休みですが、何を しますか。

山田　20日ですか。妹と 一緒に 映画を 見に 行きます。

金　いいですね。映画は 何を 見ますか。

山田　「彼に 会いたいです」という 映画を 見ます。

　　よかったら、金さんも 一緒に 行きませんか。

金　えっ、いいですか。実は 私も その 映画が 見たかったですよ。

　　何時に どこで 会いましょうか。

山田　車で 行きますので、その 日の 午後 4時に 私の 家の 前で

　　会いましょう。

4月 20日

어휘 및 표현

20日(はつか) 20일　休(やす)み 휴일, 쉬는 날　妹(いもうと) (자신의) 여동생　一緒(いっしょ)に 함께, 같이　映画(えいが) 영화
見(み)る 보다　いい 좋다　～という ～라고 하는, ～라는　よかったら 괜찮다면　～も ～도　えっ 앗, 네?　実(じつ)は 실은
동사의ます형+たかった ～하고 싶었다　会(あ)う 만나다　車(くるま) 자동차　～ので ～하기 때문에, ～이기 때문에

[1] 동사의 **ます형+に 行<ruby>行<rt>い</rt></ruby>きます** ~하러 갑니다 / **동사의 ます형+に <ruby>来<rt>き</rt></ruby>ます** ~하러 옵니다

- カフェに コーヒーを <ruby>飲<rt>の</rt></ruby>みに <ruby>行<rt>い</rt></ruby>きます。
- ┌ A: <ruby>林<rt>はやし</rt></ruby>さん、ここに <ruby>何<rt>なに</rt></ruby>を しに <ruby>来<rt>き</rt></ruby>ましたか。
  └ B: あら、<ruby>木村<rt>きむら</rt></ruby>さん、<ruby>久<rt>ひさ</rt></ruby>しぶりです。<ruby>映画<rt>えいが</rt></ruby>を <ruby>見<rt>み</rt></ruby>に <ruby>来<rt>き</rt></ruby>ました。

＊ 동작성 명사+に <ruby>行<rt>い</rt></ruby>きます / 동작성 명사+に <ruby>来<rt>き</rt></ruby>ます
- <ruby>犬<rt>いぬ</rt></ruby>と <ruby>散歩<rt>さんぽ</rt></ruby>に <ruby>行<rt>い</rt></ruby>きます。(=<ruby>犬<rt>いぬ</rt></ruby>と <ruby>散歩<rt>さんぽ</rt></ruby>しに <ruby>行<rt>い</rt></ruby>きます。)
- <ruby>買<rt>か</rt></ruby>い<ruby>物<rt>もの</rt></ruby>に <ruby>来<rt>き</rt></ruby>ました。(=<ruby>買<rt>か</rt></ruby>い<ruby>物<rt>もの</rt></ruby>しに <ruby>来<rt>き</rt></ruby>ました。)

[2] 동사의 **ます형+たいです** ~하고 싶습니다 /
동사의 **ます형+たくないです** ~하고 싶지 않습니다

- <ruby>今<rt>いま</rt></ruby>は <ruby>何<rt>なに</rt></ruby>も したくないです。<ruby>早<rt>はや</rt></ruby>く <ruby>家<rt>いえ</rt></ruby>へ <ruby>帰<rt>かえ</rt></ruby>りたいです。

  > 「～たい」는
  > い형용사처럼 활용함

- <ruby>本<rt>ほん</rt></ruby>を <ruby>読<rt>よ</rt></ruby>みたいですが、<ruby>最近<rt>さいきん</rt></ruby>は <ruby>時間<rt>じかん</rt></ruby>が ありません。
- <ruby>ご飯<rt>はん</rt></ruby>は <ruby>食<rt>た</rt></ruby>べたくないですが、<ruby>冷<rt>つめ</rt></ruby>たい コーヒーは <ruby>飲<rt>の</rt></ruby>みたいです。
- ここには <ruby>買<rt>か</rt></ruby>いたい <ruby>服<rt>ふく</rt></ruby>が ありません。

＊ ほしいです 갖고 싶습니다 / ほしくないです 갖고 싶지 않습니다
- <ruby>私<rt>わたし</rt></ruby>は <ruby>新<rt>あたら</rt></ruby>しい <ruby>車<rt>くるま</rt></ruby>が ほしいですが、<ruby>お金<rt>かね</rt></ruby>が ありません。

어휘 및 표현

カフェ 카페 飲(の)む 마시다 あら 어머 ＊놀랐을 때 내는 소리로, 여성어임 久(ひさ)しぶりです 오랜만입니다 犬(いぬ) 개
散歩(さんぽ) 산책 散歩(さんぽ)する 산책하다 買(か)い物(もの) 물건을 삼, 쇼핑 買(か)い物(もの)する 물건을 사다, 쇼핑하다
今(いま) 지금 何(なに)も 아무것도 ～へ ~에, ~(으)로 読(よ)む 읽다 最近(さいきん) 최근 ご飯(はん) 밥 食(た)べる 먹다
冷(つめ)たい 차갑다 買(か)う 사다 服(ふく) 옷 ほしい 갖고 싶다 新(あたら)しい 새것이다 お金(かね) 돈

[3] 　～ましょうか ~할까요? / ～ませんか ~하지 않겠습니까? / ～ましょう ~합시다

- ┌ A : 吉田さん、何を 食べましょうか。
- ├ B : 寒いですので、温かい うどんに しませんか。
- └ A : いいですね。そうしましょう。

- ┌ A : 飲み物は 何に しましょうか。
- └ B : ホットコーヒーに しましょう。

[4] 　명사+で ~(으)로 *수단·도구·방법

- ┌ A : 電車で 行きましょうか。
- └ B : はい、そうしましょう。
- あなたと 日本語で 話したいです。
- 日本人は ご飯を 食べる 時、はしで 食べます。
- 木村さんに メールで 連絡しましたが、返事が ありませんでした。

어휘 및 표현
──

寒(さむ)い 춥다　温(あたた)かい (사물의 온도가) 따뜻하다　飲(の)み物(もの) 음료, 마실 것　ホットコーヒー 뜨거운 커피
電車(でんしゃ) 전철　話(はな)す 말하다, 이야기하다　～時(とき) ~ 때　はし 젓가락　メール 이메일(=E(이-)메일)
連絡(れんらく)する 연락하다　返事(へんじ) 대답, 답장

[1]

> 보기　A 今、どこに 行きますか。(花火を 見る)
>
> 　　　B 花火を 見に 行きます。

① A 今、どこに 行きますか。(宝くじを 買う)

　B _____

② A 今、どこに 行きますか。(授業を 受ける)

　B _____

③ A 今、どこに 行きますか。(友達の 家に 遊ぶ)

　B _____

[2]

> 보기　日本へ 留学する
>
> 　➡ A　日本へ 留学したいですか。
>
> 　　　B1　はい、留学したいです。
>
> 　　　B2　いいえ、留学したくないです。

① 外国人と 友達に なる

　➡ A _____

　　B1 はい、_____

② 外国に 住む

　➡ A _____

　　B2 いいえ、_____

어휘 및 표현

花火(はなび) 불꽃놀이　宝(たから)くじ 복권　買(か)う 사다　授業(じゅぎょう) 수업　受(う)ける (어떤 행위를) 받다　遊(あそ)ぶ 놀다
〜へ 〜에, 〜(으)로　留学(りゅうがく)する 유학하다　外国人(がいこくじん) 외국인　友達(ともだち) 친구　명사+に なる 〜이 되다
外国(がいこく) 외국　〜に 〜에 *장소　住(す)む 살다, 거주하다

[3]

보기　公園へ　行く

　　➡ A　一緒に　公園へ　行きませんか。

　　　　B　ええ、行きましょう。

① 音楽を　聞く

　➡ A　一緒に ＿＿＿＿＿＿＿＿＿＿＿＿＿＿＿＿＿＿＿＿

　　　B　ええ、＿＿＿＿＿＿＿＿＿＿＿＿＿＿＿＿＿＿＿＿

② 買い物を　する

　➡ A　一緒に ＿＿＿＿＿＿＿＿＿＿＿＿＿＿＿＿＿＿＿＿

　　　B　ええ、＿＿＿＿＿＿＿＿＿＿＿＿＿＿＿＿＿＿＿＿

③ お酒を　飲む

　➡ A　一緒に ＿＿＿＿＿＿＿＿＿＿＿＿＿＿＿＿＿＿＿＿

　　　B　ええ、＿＿＿＿＿＿＿＿＿＿＿＿＿＿＿＿＿＿＿＿

[4]

보기　A　家は　何で　帰りますか。(電車・帰る)

　　　B　電車で　帰ります。

① A　動画は　何で　見ますか。(ノートパソコン・見る)

　　B　＿＿＿＿＿＿＿＿＿＿＿＿＿＿＿＿＿＿＿＿＿＿＿

② A　物を　買う　時、何で　払いますか。(クレジットカード・払う)

　　B　＿＿＿＿＿＿＿＿＿＿＿＿＿＿＿＿＿＿＿＿＿＿＿

어휘 및 표현

公園(こうえん) 공원　音楽(おんがく) 음악　聞(き)く 듣다. 묻다　買(か)い物(もの) 물건을 삼. 쇼핑　お酒(さけ) 술
何(なに)で 무엇으로　電車(でんしゃ) 전철　動画(どうが) 동영상　ノートパソコン 노트북　物(もの) 물건. 것　払(はら)う 지불하다
クレジットカード 신용카드

[1] 대화를 잘 듣고 내용과 맞으면 O, 틀리면 X를 하세요. 🎧 05

① 이번 주 일요일은 박 씨의 생일입니다. (   )

② 기무라 씨는 박 씨의 선물을 이미 샀습니다. (   )

③ 기무라 씨와 이 씨는 내일 오후 7시에 만납니다. (   )

④ 기무라 씨와 이 씨는 내일 역 앞에서 만납니다. (   )

[2] 대화를 잘 듣고 질문에 대한 답을 써 보세요. 🎧 06

질 문	① 鈴木	② 朴
ⓐ 가고 싶은 곳		
ⓑ 먹고 싶은 것		
ⓒ 하고 싶은 것		

어휘 및 표현

今週(こんしゅう) 이번 주 誕生日(たんじょうび) 생일 プレゼント 프레젠트, 선물 まだ 아직 ～なら ～라면 暇(ひま)だ 한가하다
駅(えき) 역 今度(こんど) 이번, 다음번 連休(れんきゅう) 연휴 海(うみ) 바다 新鮮(しんせん)だ 신선하다 刺身(さしみ) 회
スマホ 스마트폰 写真(しゃしん) 사진 撮(と)る (사진을) 찍다 遊(あそ)ぶ 놀다 千葉(ちば) 지바 *일본의 지명
テーマパーク 테마파크 ピザ 피자 グッズ 굿즈, (특정 브랜드나 연예인 등이 출시하는) 기획 상품 楽(たの)しみですね 기대되네요

24

★ 우리말로 되어 있는 부분을 일본어로 바꿔 말해 보세요. 그리고 ①, ②, ③의 ⓐ, ⓑ, ⓒ 부분은 보기를 넣어서 바꿔 말해 보세요.

高橋 　金さん、来週の 週末は 何を しますか。

金 　友達と 一緒に (① ⓐ 영화 를 보러 갑니다.)

高橋 　(② ⓑ 무엇 을 보러 갑니까?)

金 　(③ ⓒ ○○○ 을 봅니다.)

高橋 　(④ 저도 그것 보고 싶었습니다.)

金 　そうですか。(⑤ 같이 가지 않겠습니까?) 安い チケットが ありますよ。

高橋 　本当ですか。私も 一緒に 行きたいです。

金 　(⑥ 그렇게 합시다.)

보기 1. ⓐ 演劇　　ⓑ 何　　ⓒ 연극 제목

　　　 2. ⓐ ミュージカル　　ⓑ 何　　ⓒ 영화 제목

　　　 3. ⓐ コンサート　　ⓑ 誰　　ⓒ 가수 이름

 Tip

동사의 ます형+に 行きます ～하러 갑니다 / 동사의 ます형+たいです ～하고 싶습니다 /

동사의 ます형+たかったです ～하고 싶었습니다 / ～ましょうか ～할까요? /

～ませんか ～하지 않겠습니까? / ～ましょう ～합시다

어휘 및 표현

来週(らいしゅう) 다음 주　週末(しゅうまつ) 주말　安(やす)い 싸다　チケット 티켓, 표　演劇(えんげき) 연극　ミュージカル 뮤지컬
コンサート 콘서트　誰(だれ) 누구

水を 飲みながら、お酒を 飲みます。

물을 마시면서 술을 마십니다.

학습 목표

1 **동사의 ます형+やすいです** ~하기 편합니다, ~하기 쉽습니다 /
동사의 ます형+にくいです ~하기 불편합니다, ~하기 어렵습니다

2 **동사의 ます형+ながら** ~하면서 *동시동작

3 **동사의 ます형+すぎます** 너무 ~합니다, 지나치게 ~합니다

4 **い형용사의 어간+く なります** ~해집니다 /
な형용사의 어간+に なります ~해집니다, ~하게 됩니다

金　山田さん、顔色が　悪いですね。

山田　昨日　焼酎を　飲みすぎました。それで、頭が　痛いです。

金　山田さんは　お酒に　弱いですか。

山田　そうですね。すぐ　顔が　赤く　なります。

　　それで　水を　飲みながら、お酒を　飲みます。

金　それは　いいですね。「ソメック」という　お酒が　ありますけど。

山田　あ、それ、焼酎と　ビールの　ミックスですよね。

金　ええ、それは　焼酎より　飲みやすいです。

山田　そうですか。今度は　「ソメック」に　しましょう。

어휘 및 표현

顔色(かおいろ) 안색, 얼굴색　悪(わる)い 나쁘다　焼酎(しょうちゅう) 소주　飲(の)む 마시다　それで 그래서 *원인·이유
頭(あたま) 머리　痛(いた)い 아프다　お酒(さけ)に 弱(よわ)い 술이 약하다　すぐ 곧, 바로, 금방　顔(かお) 얼굴　赤(あか)い 빨갛다
水(みず) 물　ソメック 소맥　～という ~라고 하는, ~라는　ビール 맥주　ミックス 믹스, 섞음, 섞은 것　～より ~보다
今度(こんど) 이번, 다음번

[1] 동사의 **ます형+やすいです** ~하기 편합니다, ~하기 쉽습니다 /
　　　동사의 **ます형+にくいです** ~하기 불편합니다, ~하기 어렵습니다

- カタカナは 書^かきやすいですが、ひらがなは 書^かきにくいです。
- いちごは 食^たべやすいですけど、パイナップルは 食^たべにくいです。
- この 本^{ほん}は 漢字^{かんじ}が 多^{おお}いです。それで、分^わかりにくいですね。

[2] 동사의 **ます형+ながら** ~하면서 *동시동작

- 音楽^{おんがく}を 聞^ききながら、運動^{うんどう}を します。
- コーヒーを 飲^のみながら、友達^{ともだち}と 話^{はな}しました。
- 映画^{えいが}を 見^みながら、ポップコーンを 食^たべますか。
- ピアノを 弾^ひきながら、歌^{うた}を 歌^{うた}います。

어휘 및 표현

書(か)く (글씨를) 쓰다 いちご 딸기 食(た)べる 먹다 パイナップル 파인애플 漢字(かんじ) 한자 多(おお)い 많다
分(わ)かる 알다, 이해하다 音楽(おんがく) 음악 聞(き)く 듣다, 묻다 運動(うんどう) 운동 コーヒー 커피 飲(の)む 마시다
話(はな)す 말하다, 이야기하다 映画(えいが) 영화 見(み)る 보다 ポップコーン 팝콘 ピアノ 피아노
弾(ひ)く (악기를) 연주하다, 치다, 타다, 켜다 歌(うた) 노래 歌(うた)う (노래를) 부르다

[3] 동사의 **ます형+すぎます** 너무 ~합니다, 지나치게 ~합니다

- 昨日(きのう)は デパートで 買(か)いすぎました。もう お金(かね)が ありません。
- 昨日(きのう)は 僕(ぼく)が 言(い)いすぎました。すみません。
- ┌ A: どうしましたか。
  └ B: 辛(から)い 料理(りょうり)を 食(た)べすぎました。それで お腹(なか)が 痛(いた)いです。

* い형용사의 어간+すぎます / な형용사의 어간+すぎます

- 寒(さむ)い ➡ 寒(さむ)すぎます　　・下手(へた)だ ➡ 下手(へた)すぎます

[4] い형용사의 어간+**く なります** ~해집니다 /
　　 な형용사의 어간+**に なります** ~해집니다, ~하게 됩니다

- 最近(さいきん)、暖(あたた)かくて 天気(てんき)も よく なりました。•‥‥‥‥┐
- ┌ A: 日本語(にほんご)が 上手(じょうず)に なりましたね。
  └ B: いいえ、まだ 下手(へた)ですよ。

┌─────────────┐
│ **예외** │
│ いい+なる➡よく なる │
└─────────────┘

- 息子(むすこ)は 今年(ことし) 二十歳(はたち)に なりました。•‥‥‥‥┐

┌─────────────────┐
│ 명사+に なる : ~이 되다 │
└─────────────────┘

* い형용사 · な형용사의 부사형

- 楽(たの)しい ➡ 楽(たの)しく ➡ 楽(たの)しく 遊(あそ)ぶ
- 静(しず)かだ ➡ 静(しず)かに ➡ 静(しず)かに 話(はな)す

⟨ 어휘 및 표현 ⟩

買(か)う 사다　もう 이미, 이제, 벌써　僕(ぼく) 나 *남자가 동년배나 손아랫사람에게 쓰는 허물없는 말　言(い)う 말하다
すみません 미안합니다　どうしましたか 무슨 일입니까?　辛(から)い 맵다　料理(りょうり) 요리　お腹(なか) 배　痛(いた)い 아프다
最近(さいきん) 최근　暖(あたた)かい 따뜻하다　天気(てんき) 날씨　上手(じょうず)だ 잘하다, 능숙하다　まだ 아직
下手(へた)だ 잘 못하다, 서투르다　息子(むすこ) (자신의) 아들　今年(ことし) 올해　二十歳(はたち) 스무 살　楽(たの)しい 즐겁다
遊(あそ)ぶ 놀다　静(しず)かだ 조용하다

[1]

보기 スマホ・使(つか)う・タブレット

→ スマホは 使(つか)いやすいですが、タブレットは 使(つか)いにくいです。

① ビール・飲(の)む・焼酎(しょうちゅう)

→ _____

② ひらがな・覚(おぼ)える・カタカナ

→ _____

③ 図書館(としょかん)・勉強(べんきょう)する・カフェ

→ _____

[2]

보기 テレビを 見(み)る・目(め)が 痛(いた)い

→ テレビを 見(み)すぎました。それで 目(め)が 痛(いた)いです。

① ご飯(はん)を 食(た)べる・お腹(なか)が 一杯(いっぱい)だ

→ _____

② 踊(おど)る・体(からだ)の あっちこっちが 痛(いた)い

→ _____

③ 水(みず)を 飲(の)む・トイレに 行(い)きたい

→ _____

어휘 및 표현

スマホ 스마트폰　使(つか)う 사용하다, 쓰다　タブレット 태블릿　ビール 맥주　覚(おぼ)える 외우다, 기억하다
図書館(としょかん) 도서관　勉強(べんきょう)する 공부하다　カフェ 카페　それで 그래서 *원인 · 이유　目(め) 눈　痛(いた)い 아프다
お腹(なか)が 一杯(いっぱい)だ 배가 부르다　踊(おど)る 춤추다　体(からだ) 몸　あっちこっち 여기저기　水(みず) 물　トイレ 화장실

[3]

보기 コーヒーを 飲む・宿題を する

➡ コーヒーを 飲みながら、宿題を します。

① スマホの 地図を 見る・歩く

➡ _____

② 運動する・音楽を 聞く

➡ _____

③ 歌を 歌う・踊る

➡ _____

[4]

보기 風邪薬を 飲みました・眠い

➡ 風邪薬を 飲みました。それで 眠く なりました。

① 部屋の 掃除を しませんでした・汚い

➡ _____

② 彼女は 子供の 時から 背が 高かったです・モデルだ

➡ _____

③ 新しい 駅が できました・この 町は 前より にぎやかだ

➡ _____

어휘 및 표현

宿題(しゅくだい) 숙제 地図(ちず) 지도 見(み)る 보다 歩(ある)く 걷다 音楽(おんがく) 음악 聞(き)く 듣다, 묻다 歌(うた) 노래
歌(うた)う (노래를) 부르다 風邪薬(かぜぐすり)を 飲(の)む 감기약을 먹다 眠(ねむ)い 졸리다 部屋(へや) 방 掃除(そうじ) 청소
汚(きたな)い 더럽다 背(せ)が 高(たか)い 키가 크다 명사+だ ~이다 新(あたら)しい 새롭다 駅(えき) 역 できる 생기다
町(まち) 동네, 마을 前(まえ) 전 ~より ~보다 にぎやかだ 번화하다, 북적이다

[1] 대화를 잘 듣고 내용과 맞는 그림을 고르세요. 🎧 08

[2] 다음을 잘 듣고 빈칸에 알맞은 말을 써 보세요. 🎧 09

① _____、週末(しゅうまつ)は 家(いえ)で 寝(ね)ます。

② 娘(むすめ)は _____。3月(さんがつ) _____。

③ 日本語(にほんご)が 下手(へた)ですから、_____。

④ この 作文(さくぶん)は 字(じ)が 大(おお)きくて きれいです。それで _____。

> **어휘 및 표현**
>
> 少(すこ)し 조금 お酒(さけ)に 弱(よわ)い 술이 약하다 雪(ゆき) 눈 降(ふ)る (비·눈 등이) 내리다, 오다 気温(きおん) 기온
> 春(はる) 봄 働(はたら)く 일하다 辞書(じしょ)を 引(ひ)く 사전을 찾다 手紙(てがみ) 편지 作文(さくぶん) 작문 字(じ) 글자, 글씨

★ 우리말로 되어 있는 부분을 일본어로 바꿔 말해 보세요.

田中 　金^{キム}さん、(① 눈이 빨개졌네요.)

金 　昨日^{きのう}の 夜^{よる}、(② 드라마를 너무 봤습니다.)

田中 　え～、ドラマを 見^みましたか。韓国^{かんこく}の ドラマですか。

金 　いいえ、日本^{にほん}のです。

　　　私^{わたし}は (③ 일본 드라마를 보면서 일본어를 공부합니다.)

田中 　そうですか。それで、(④ 최근에 일본어가 늘었군요.)

　　　日本語^{にほんご}の 勉強^{べんきょう}は どうですか。

金 　(⑤ 한자는 외우기 어렵지만, 말하는 것은 매우 재미있습니다.)

田中 　漢字^{かんじ}は やはり 難^{むずか}しいですね。

　　　じゃ、勉強^{べんきょう} 頑張^{がんば}って ください。

Tip

い형용사의 어간+く なります ~해집니다 /

동사의 ます형+すぎます 너무 ~합니다, 지나치게 ~합니다 /

동사의 ます형+ながら ~하면서 *동시동작 /

な형용사의 어간+に なります ~해집니다, ~하게 됩니다 /

동사의 ます형+にくいです ~하기 불편합니다, ~하기 어렵습니다 /

동사의 기본형+のは ~하는 것은

어휘 및 표현

夜(よる) 밤　ドラマ 드라마　～の ～의, ～의 것　やはり 역시　じゃ 그럼　頑張(がんば)って ください 힘내세요, 열심히 하세요

屋
집 **옥**

コ コ ユ 尸 尸 尸 屒 居 居 屋 屋

관련어휘 屋上^{おくじょう} 옥상　屋外^{おくがい} 옥외　部屋^{へや} 방　花屋^{はなや} 꽃가게

動
움직일 **동**

一 二 千 千 亓 冒 盲 重 重 重 動 動

관련어휘 運動^{うんどう} 운동　動物^{どうぶつ} 동물　自動車^{じどうしゃ} 자동차　動^{うご}く 움직이다

物
물건 **물**

ノ ナ ナ 牛 牛 牛 物 物

관련어휘 植物^{しょくぶつ} 식물　人物^{じんぶつ} 인물　物価^{ぶっか} 물가　物^{もの} 물건, 것　食^たべ物^{もの} 음식, 먹을 것

買
살 **매**

一 一 一 四 四 四 胃 胃 胃 買 買 買

관련어휘 売買^{ばいばい} 매매　買^かい物^{もの} 물건을 삼, 쇼핑　買^かう 사다

飲
마실 **음**

ノ ノ 入 入 今 今 今 食 食 食 飲 飲

관련어휘 飲酒^{いんしゅ} 음주　飲^のみ物^{もの} 음료, 마실 것　飲^のむ 마시다

[1] 다음 단어를 히라가나로 써 보세요.

① 屋上 (　　　　　　　　　　) ② 部屋 (　　　　　　　　　　)

③ 物価 (　　　　　　　　　　) ④ 売買 (　　　　　　　　　　)

⑤ 飲み物 (　　　　　　　　　) ⑥ 動く (　　　　　　　　　　)

[2] 다음 단어를 한자로 써 보세요.

① おくがい (　　　　　　　　) ② じどうしゃ (　　　　　　　　)

③ じんぶつ (　　　　　　　　) ④ もの (　　　　　　　　　　)

⑤ かいもの (　　　　　　　　) ⑥ いんしゅ (　　　　　　　　)

[3] 다음 밑줄 친 부분의 단어 중 한자로 되어 있는 것은 히라가나로, 히라가나로 되어 있는 것은 한자로 바꿔 써 보세요.

今日は 二人娘の 誕生日です。上の 娘は 花が 好きですから、昨日 はなや
①

で 花を かいました。また 下の 娘は 動物が 好きです。それで 今日は 家族
②

で サファリに 行きます。娘たちも 今年で 大人に なりましたから、夜は 一
③

緒に ビールでも 飲みたいです。
④

Unit 04

でんしゃ の
電車に 乗って、そちらに
む
向かっています。

전철을 타고 그쪽으로 가고 있습니다.

학습 목표

1 동사의 て형

2 ～て ください ~해 주세요, ~하세요

3 ～て います① ~하고 있습니다 *동작의 진행

4 ～て いる+명사 ~하고 있는 ~, ~하고 있을 ~

🎧 10

朴	もしもし、山田さん、今 どこですか。
山田	今、電車に 乗って そちらに 向かって います。
朴	あの、遅刻ですよ。
	みんな さっきから 会社の 前で 待って います。
山田	すみません。
	朝寝坊を して いつもの 電車に 間に合いませんでした。
朴	そうですか。今 乗って いる 電車は 何分に 着きますか。
山田	10分後に 着きます。
朴	では、みんなで 駅の 方に 向かいますから、
	早く 来て くださいね。
山田	あ、ありがとうございます。

어휘 및 표현

もしもし 여보세요 *전화에서 쓰는 말 電車(でんしゃ) 전철 乗(の)る (탈것에) 타다 そちら 그쪽 向(む)かう 향하다, (향해) 가다
遅刻(ちこく) 지각 みんな 모두 さっき 아까, 조금 전 待(ま)つ 기다리다 朝寝坊(あさねぼう) 늦잠을 잠 いつも 항상, 평소
間(ま)に合(あ)う 시간에 맞게 가다, 늦지 않다 着(つ)く 도착하다 みんなで 모두 다같이 駅(えき) 역 方(ほう) 쪽

[1] 동사의 て형

1그룹	① 어미가 「う、つ、る」로 끝나는 동사 → って	買^かう → 買^かって 待^まつ → 待^まって 乗^のる → 乗^のって
	② 어미가 「ぬ、ぶ、む」로 끝나는 동사 → んで	死^しぬ → 死^しんで 遊^{あそ}ぶ → 遊^{あそ}んで 飲^のむ → 飲^のんで
	③ 어미가 「く、ぐ」로 끝나는 동사 → いて、いで	書^かく → 書^かいて 泳^{およ}ぐ → 泳^{およ}いで 行^いく → 行^いって 예외
	④ 어미가 「す」로 끝나는 동사 → して	話^{はな}す → 話^{はな}して
2그룹	어미 「る」를 떼고 + て	見^みる → 見^みて 食^たべる → 食^たべて
3그룹	する 来^くる	する → して 来^くる → 来^きて

- 子供^{こども}は よく 食^たべて、よく 寝^ねます。 ──── ~て : ~하고, ~해서
- タクシーに 乗^のって、会社^{かいしゃ}へ 行^いきました。
- お腹^{なか}が 空^すいて、ご飯^{はん}を たくさん 食^たべました。

* ご飯^{はん}を 食^たべてから、歯^はを 磨^{みが}きます。 ── ~てから : ~하고 나서

어휘 및 표현

買(か)う 사다 待(ま)つ 기다리다 死(し)ぬ 죽다 泳(およ)ぐ 헤엄치다, 수영하다 食(た)べる 먹다 子供(こども) 아이, 자식
よく 잘, 자주 寝(ね)る 자다 タクシー 택시 お腹(なか)が 空(す)く 배가 고프다 ご飯(はん) 밥 たくさん 많이 歯(は) 이
磨(みが)く (문질러) 닦다

38

[2] 　〜て ください ~해 주세요, ~하세요

- 明日は 早く 起きて ください。
- 難しいから、ゆっくり 言って ください。
- ちょっと 待って ください。
- 明日も 来て ください。

[3] 　〜て います ① ~하고 있습니다 *동작의 진행

- 今、スマホで 音楽を 聞いて います。
- 友達と ビールを 飲んで います。
- 鈴木さんは コーヒーを 飲みながら、友達を 待って います。
- 図書館で 一生懸命 勉強を して いますか。

[4] 　〜て いる＋명사 ~하고 있는 ~, ~하고 있을 ~

- あそこで 木村さんと 話して いる 人は 誰ですか。
- 本を 読んで いる 人は 私の 妻です。
- 私は 一人で 音楽を 聞いて いる 時が 一番 幸せです。
- 料理を して いる 時が 本当に 楽しいです。

어휘 및 표현
....

早(はや)く 일찍, 빨리　起(お)きる 일어나다, 기상하다　ゆっくり 천천히, 푹　言(い)う 말하다　ちょっと 좀, 조금　今(いま) 지금
スマホ 스마트폰　図書館(としょかん) 도서관　一生懸命(いっしょうけんめい)(に) 열심히　勉強(べんきょう) 공부　人(ひと) 사람
読(よ)む 읽다　妻(つま) (자신의) 아내　一人(ひとり)で 혼자서　一番(いちばん) 가장, 제일　幸(しあわ)せだ 행복하다
料理(りょうり) 요리　本当(ほんとう)に 정말로　楽(たの)しい 즐겁다

[1]

보기 朝、起きる・何を しますか
➡ A 朝、起きて、何を しますか。
B 水を 飲みます。

① 友達に 会う・何を しますか

➡ A _____
B 映画を 見ます。

② 家に 帰る・何を しますか

➡ A _____
B ご飯を 食べます。

③ 日本に 行く・何が したいですか。

➡ A _____
B 富士山に 登りたいです。

[2]

보기 本を 読む ➡ 本を 読んで ください。

① 学校へ 行く ➡ _____
② お金を 貸す ➡ _____
③ 私の 話を 聞く ➡ _____
④ 明日 また 来る ➡ _____
⑤ 一生懸命 勉強する ➡ _____

어휘 및 표현
....

朝(あさ) 아침 水(みず) 물 飲(の)む 마시다 帰(かえ)る 돌아가다, 돌아오다 富士山(ふじさん) 후지산 登(のぼ)る 오르다
学校(がっこう) 학교 お金(かね) 돈 貸(か)す 빌려주다 話(はなし) 이야기 聞(き)く 듣다, 묻다 また 또 来(く)る 오다
一生懸命(いっしょうけんめい)(に) 열심히 勉強(べんきょう)する 공부하다

[3]

보기
A 今、何を して いますか。(部屋の 掃除を する)
B 部屋の 掃除を して います。

①
A 今、何を して いますか。(電車を 待つ)
B _____

②
A 今、何を して いますか。(一人で お酒を 飲む)
B _____

[4]

보기 あそこで 笑う
➡ A あそこで 笑って いる 人は 誰ですか。
B あの 人は 木村さんで、私の 上司です。

① あそこで 歌を 歌う

➡ A _____

B あの 人は 韓国で とても 有名な 歌手です。

② あそこで 日本語を 教える

➡ A _____

B あの 人は 山田さんで、私の 日本語の 先生です。

어휘 및 표현

部屋(へや) 방 掃除(そうじ) 청소 電車(でんしゃ) 전철 待(ま)つ 기다리다 お酒(さけ) 술 笑(わら)う 웃다 上司(じょうし) 상사
歌(うた) 노래 歌(うた)う (노래를) 부르다 有名(ゆうめい)だ 유명하다 歌手(かしゅ) 가수 教(おし)える 가르치다, 알려 주다

[1] 다음을 잘 듣고 ( ) 안에 해당하는 사람의 이름을 써 넣으세요. 🎧 11

( )   ( )   ( )   ( )

[2] 대화를 잘 듣고 내용과 맞는 그림을 찾아 선으로 연결하세요. 🎧 12

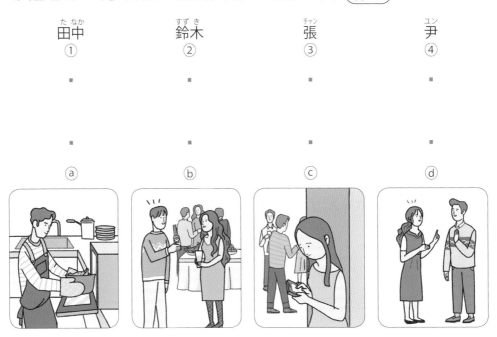

田中(たなか) ①   鈴木(すずき) ②   張(チャン) ③   尹(ユン) ④

ⓐ   ⓑ   ⓒ   ⓓ

어휘 및 표현

これから 지금부터, 이제부터 パーティー 파티 準備(じゅんび) 준비 作(つく)る 만들다 それから 그다음에, 그리고
名前(なまえ) 이름 書(か)く (글씨를) 쓰다 以上(いじょう) 이상 皆(みな)さん 여러분 お願(ねが)いする 부탁드리다
見(み)える 보이다 キッチン 키친, 부엌 もちろん 물론 きれいだ 깨끗하다, 예쁘다 女(おんな)の人(ひと) 여자

★ 그림을 보고 우리말로 되어 있는 부분을 일본어로 바꿔 말해 보세요.

① 吉田 — 日本語で 話す
② 鈴木 — コーヒーを 飲む
③ 中村 — スマホを 見る
④ 李 — 何かを 書く

社員1 　吉田さんは 何を して いますか。

社員2 　(① 일본어로 이야기하고 있습니다.)

社員1 　(② 커피를 마시고 있는 사람은 누구입니까?)

社員2 　鈴木さんです。

社員1 　それでは、スマホを 見て いる 人は 李さんですか。

社員2 　(③ 아니요, 뭔가를 쓰고 있는 사람이 이 씨입니다.)

Tip

～て います① ～하고 있습니다 *동작의 진행　/　～て いる+명사 ～하고 있는 ～, ～하고 있을 ～　/
何か 무언가

어휘 및 표현

社員(しゃいん) 사원　명사+で ～(으)로 *수단·도구·방법　スマホ 스마트폰　見(み)る 보다

風邪の 時は 無理しては いけませんよ。

감기일 때는 무리해서는 안 돼요.

山田 　金さん、どうして マスクをつけて いますか。風邪ですか。

金 　はい、そうです。のども 痛くて、鼻水も 出ます。

山田 　え? 風邪なのに こんな 所で 何を して いますか。

金 　友達を 待って います。

　　　山田さんは サラさんを 知って いますか。

山田 　フランス人の サラさんですね。私も 知って いますよ。

金 　そうですか。今から サラさんと 散歩に 行きますが、

　　　よかったら 一緒に どうですか。

山田 　えっ? 散歩しても いいですか。

　　　風邪の 時は 無理しては いけませんよ。

金 　大丈夫ですよ、散歩ぐらいは。

어휘 및 표현

どうして 어째서, 왜　マスクを つける 마스크를 하다　風邪(かぜ) 감기　のど 목구멍　～も ～도　痛(いた)い 아프다
鼻水(はなみず) 콧물　出(で)る 나오다, 나가다　명사+な+のに ～인데(도)　こんな 이런　所(ところ) 곳　待(ま)つ 기다리다
知(し)る 알다　無理(むり)する 무리하다　～ぐらい ～정도

[1]　～て います② ～하고 있습니다 *상태의 지속

- 雨が 降って います。
- 僕は 黒い 車を 持って います。
- 最近、働きすぎて、とても 疲れて います。
- ┌ A　：朝ご飯を 食べましたか。
  ├ B1：はい、もう 食べました。
  └ B2：いいえ、まだ 食べて いません。(=いいえ、食べませんでした。)

[2]　다양한 상태 표현

❶ 현재 상태

- ┌ A：ユラさんは どこに 住んで いますか。　●⋯⋯⋯⋯●住む：살다, 거주하다
  └ B：私は 韓国の ソウルに 住んで います。

- ┌ A：失礼ですが、結婚して いますか。　●⋯⋯⋯⋯結婚する：결혼하다
  ├ B1：はい、結婚して います。
  └ B2：いいえ、結婚して いません。

- ┌ A：アイドルグループの OTSを 知って いますか。　●⋯⋯⋯
  ├ B1：はい、知って います。　　　　　　　　　　　知る：알다
  └ B2：いいえ、知りません。

어휘 및 표현

雨(あめ) 비　降(ふ)る (비·눈 등이) 내리다　黒(くろ)い 검다　車(くるま) 자동차　持(も)つ 가지다, 들다　働(はたら)く 일하다
동사의 ます형+すぎる 너무 ~하다, 지나치게 ~하다　疲(つか)れる 지치다, 피로해지다　もう 이미, 이제, 벌써　まだ 아직　ソウル 서울
失礼(しつれい)ですが 실례입니다만　アイドルグループ 아이돌 그룹

46

❷ 착용 상태

- 帽子を かぶって います。
- 眼鏡を かけて います。
- イヤリングを して います。
- セーターを 着て、ズボンを はいて います。
- 靴を はいて います。

[3] ～ても いいです ～해도 됩니다 *허락·허가

- ┌ A: 店の 前に 車を 止めても いいですか。
  └ B: はい、止めても いいです。(=はい、止めても 大丈夫です。)

[4] ～ては いけません ～해서는 안 됩니다 *금지

- ┌ A: 美術館の 中で 写真を 撮っても いいですか。
  └ B: いいえ、撮っては いけません。(=いいえ、撮っては だめです。)
- ┌ A: ビルの 中で たばこを 吸っても いいですか。
  └ B: いいえ、禁煙ですから、吸っては いけません。

     (=いいえ、禁煙ですから、吸っては だめです。)

어휘 및 표현

帽子(ぼうし)を かぶる 모자를 쓰다　眼鏡(めがね)を かける 안경을 쓰다　イヤリングを する 귀걸이를 하다
セーター 스웨터　着(き)る (겉옷·상의 등을) 입다　ズボン 바지　はく (하의·신발 등을) 입다, 신다　靴(くつ) 신발, 구두　店(みせ) 가게
止(と)める 세우다　大丈夫(だいじょうぶ)だ 괜찮다　美術館(びじゅつかん) 미술관　中(なか) 안　写真(しゃしん) 사진
撮(と)る (사진을) 찍다　だめだ 안 된다　ビル 빌딩　たばこを 吸(す)う 담배를 피우다　禁煙(きんえん) 금연

[1]

보기
A 昼ご飯を 食べましたか。(食べる)

B1 はい、もう 食べました。

B2 いいえ、まだ 食べて いません。

① A 飛行機の 予約は しましたか。(する)

B2 いいえ、まだ _____

② A この 小説は 読みましたか。(読む)

B1 はい、もう _____

③ A 木村君は 来ましたか。(来る)

B2 いいえ、まだ _____

[2]

보기
あなたは どこに 住みますか(×)。

→ あなたは どこに 住んで いますか(○)。

① A 日本の 有名な 俳優の 野田拓哉さんを 知りますか(×)。

B いいえ、知って いません(×)。

→ _____ / _____

② A 失礼ですが、木下さんは 結婚しましたか(×)。

B いいえ、まだ 結婚しませんでした(×)。

→ _____ / _____

어휘 및 표현

もう 이미, 벌써, 이제 まだ 아직 飛行機(ひこうき) 비행기 予約(よやく) 예약 小説(しょうせつ) 소설 読(よ)む 읽다
~君(くん) ~군 *주로 남성에 대해서 씀 住(す)む 살다, 거주하다 有名(ゆうめい)だ 유명하다 俳優(はいゆう) 배우 知(し)る 알다
結婚(けっこん)する 결혼하다

[3]

この 人は 眼鏡を かけて、スーツを 着て、
ネクタイを して、靴を はいて います。

①  この 人は ＿＿＿＿＿＿

＿＿＿＿＿＿＿＿＿＿＿

＿＿＿＿＿＿＿＿＿＿＿

＿＿＿＿＿＿＿＿＿＿＿

② この 人は ＿＿＿＿＿＿

＿＿＿＿＿＿＿＿＿＿＿

＿＿＿＿＿＿＿＿＿＿＿

＿＿＿＿＿＿＿＿＿＿＿

[4]

보기 名前を ひらがなで 書く

➡ A 名前を ひらがなで 書いても いいですか。

B1 はい、書いても いいです。

B2 いいえ、書いては いけません。

① 授業中に 韓国語を 使う

➡ A ＿＿＿＿＿＿＿＿＿＿＿＿＿＿＿＿＿＿＿＿＿

B2 いいえ、＿＿＿＿＿＿＿＿＿＿＿＿＿＿＿＿＿＿＿

② この 椅子に 座る

➡ A ＿＿＿＿＿＿＿＿＿＿＿＿＿＿＿＿＿＿＿＿＿

B1 はい、＿＿＿＿＿＿＿＿＿＿＿＿＿＿＿＿＿＿＿

어휘 및 표현

眼鏡(めがね)を かける 안경을 쓰다 スーツ 양복 着(き)る (겉옷·상의 등을) 입다 ネクタイを する 넥타이를 하다
靴(くつ) 신발, 구두 はく (하의·신발 등을) 입다, 신다 コート 코트 スカート 스커트, 치마 かばん 가방 持(も)つ 가지다, 들다
ネックレスを する 목걸이를 하다 帽子(ぼうし)を かぶる 모자를 쓰다 セーター 스웨터 ズボン 바지 運動靴(うんどうぐつ) 운동화
授業(じゅぎょう) 수업 ～中(ちゅう) ～ 중 使(つか)う 사용하다, 쓰다 椅子(いす) 의자 座(すわ)る 앉다

[1] 다음을 잘 듣고 내용과 맞는 그림을 고르세요. 🎧 14

住所 じゅうしょ	プサン
仕事 し ごと	銀行員 ぎんこういん
車 くるま	×
家 いえ	○

(   )

住所 じゅうしょ	ソウル
仕事 し ごと	医者 い しゃ
車 くるま	×
家 いえ	○

(   )

住所 じゅうしょ	ソウル
仕事 し ごと	空港で 働く くうこう はたら
車 くるま	○
家 いえ	×

(   )

[2] 대화를 잘 듣고 내용과 맞는 그림을 고르세요. 🎧 15

① ⓐ (   )   ⓑ (   )   ② ⓐ (   )   ⓑ (   )

어휘 및 표현

プサン(釜山) 부산 ソウル 서울 そして 그리고 空港(くうこう) 공항 働(はたら)く 일하다 子供(こども) 아이, 자식
持(も)つ 가지다, 들다 フラッシュ (사진기의) 플래시 だめだ 안 된다 美術館(びじゅつかん) 미술관 ～てから ～하고 나서
入(はい)る 들어가다, 들어오다 絵(え) 그림 触(さわ)る 만지다 注意(ちゅうい)する 주의하다, 주의를 주다

★ 그림을 보고 보기와 같이 묻고 답해 보세요.

①
보기
パク
朴

②

③

④

⑤

⑥

보기 A 朴さんは どの 人ですか。

B 眼鏡を かけて、スーツを 着て、靴を はいて います。

そして ネクタイを している 髪が 短い 男の 人です。

Tip

• **着る** (겉옷·상의 등을) 입다 : 制服 교복 /

ジャケット 재킷 / コート 코트 /

ワンピース 원피스 / シャツ 셔츠

• **はく** ① (하의를) 입다 : ジーンズ 청바지 /

ズボン 바지 / スカート 스커트, 치마

② (신발을) 신다 : 靴 신발, 구두 /

運動靴 운동화 / ハイヒール 하이힐

• **持つ** 가지다, 들다 : かばん 가방 /

コーヒー 커피

• **する** 하다 : ネクタイ 넥타이 /

ネックレス 목걸이

• **帽子を かぶる** : 모자를 쓰다

어휘 및 표현

どの 어느 人(ひと) 사람 髪(かみ) 머리(카락) 短(みじか)い 짧다 男(おとこ)の 人(ひと) 남자

ちょっと 前_{まえ}に ご飯_{はん}を 食_たべて しまって。

조금 전에 밥을 먹어 버려서.

학습 목표

1 ～て みます ~해 봅니다

2 ～て おきます ~해 둡니다, ~해 놓습니다

3 ～て しまいます ~해 버립니다

4 な형용사의 어간+で ~해서 / い형용사의 어간+くて ~여서 *원인·이유

金　山田さん、こんにちは。

山田　あ、金さん、いらっしゃい。

金　あの、これ、キムチチヂミが好きで、作りました。

　　よかったら、どうぞ。

山田　うわ、キムチチヂミですか。私、キムチチヂミが大好きです。

金　雨も降っていますし、冷蔵庫にすっぱいキムチが

　　ありましたので、作ってみました。

山田　いいですね。今すぐにでも、食べたいですが、

　　ちょっと前にご飯を食べてしまって。

金　そうですか。それじゃ、冷蔵庫に入れておいて、後でどうぞ。

어휘 및 표현

いらっしゃい (사람이 왔을 때의) 어서 오세요　あの 저, 저어　キムチチヂミ 김치전　作(つく)る 만들다　よかったら 괜찮다면
どうぞ 무언가를 허락하거나 권할 때 쓰는 말　大好(だいす)きだ 매우 좋아하다　雨(あめ) 비　降(ふ)る (비·눈 등이) 내리다, 오다
～し ～하고 *열거　冷蔵庫(れいぞうこ) 냉장고　すっぱい 시다　今(いま)すぐにでも 지금 당장이라도　食(た)べる 먹다
동사의 ます형+たい ～하고 싶다　ちょっと 좀, 조금　前(まえ) 전　ご飯(はん) 밥　入(い)れる 넣다　後(あと)で 나중에

[1] 〜て みます _{〜해 봅니다}

- 山田さんに 電話番号を 聞いて みました。
- この コートを 着て みても いいですか。
- 昨日の 映画が おもしろかったですから、原作の 小説を 一度 読んで

  みたいです。
- 私の 友達に 会って みませんか。
- クッキーを 作りましたよ。 どうぞ 食べて みて ください。

[2] 〜て おきます _{〜해 둡니다, 〜해 놓습니다}

- お皿を きれいに 洗って おきました。
- 安いですから、たくさん 買って おきました。
- おいしいですから、たくさん 作って おいて ください。
- バスに 乗る 前に、薬を 飲んで おきます。
- この 話を 朴さんに 伝えて おいて ください。

어휘 및 표현

電話番号(でんわばんごう) 전화번호 聞(き)く 듣다, 묻다 コート 코트 着(き)る (겉옷·상의 등을) 입다 おもしろい 재미있다
原作(げんさく) 원작 小説(しょうせつ) 소설 一度(いちど) 한 번 読(よ)む 읽다 会(あ)う 만나다 クッキー 쿠키 お皿(さら) 접시
洗(あら)う 씻다 安(やす)い 싸다 たくさん 많이 買(か)う 사다 乗(の)る (탈것에) 타다 동사의 기본형+前(まえ)に 〜하기 전에
薬(くすり)を 飲(の)む 약을 먹다 話(はなし) 이야기 伝(つた)える 전하다

[3] ～て しまいます ～해 버립니다

- 高い ネクタイを 買って しまいました。
- あなたの 秘密を 彼に 言って しまいました。
- 甘い 物を 食べすぎて 太って しまいました。
- 晩ご飯を たくさん 食べて しまいました。
- 彼の 日記を 読んで しまいました。

[4] な형용사의 어간+で ～해서 / い형용사의 어간+くて ～여서 *원인·이유

- 心配で、来て みました。
- その 小説が とても おもしろくて、一日で 読んで しまいました。
- チョコレートが とても おいしくて、全部 食べて しまいました。

* 風邪で、会社を 休みました。

～で : ～로, ~ 때문에

어휘 및 표현

高(たか)い 비싸다, 높다 ネクタイ 넥타이 買(か)う 사다 秘密(ひみつ) 비밀 言(い)う 말하다 甘(あま)い 달다 物(もの) 물건, 것
食(た)べる 먹다 동사의 ます형+すぎる 너무 ～하다, 지나치게 ～하다 太(ふと)る 살찌다 晩(ばん)ご飯(はん) 저녁밥
日記(にっき) 일기 心配(しんぱい)だ 걱정이다 一日(いちにち)で 하루 만에 チョコレート 초콜릿 全部(ぜんぶ) 전부
風邪(かぜ) 감기 休(やす)む 쉬다

[1]

보기 食(た)べる

➡ おいしいですよ。食(た)べて みて ください。

① 入(はい)る

➡ すてきな 店(みせ)ですね。ちょっと ＿＿＿＿＿＿て みましょうか。

② 考(かんが)える

➡ もう 一度(いちど) ゆっくり ＿＿＿＿＿＿て みて ください。

③ 書(か)く

➡ 日本語(にほんご)で メールを ＿＿＿＿＿＿て みて ください。

④ 作(つく)る

➡ それは 私(わたし)も ＿＿＿＿＿＿て みたいです。

[2]

보기 食(た)べる

➡ 授業(じゅぎょう)が 始(はじ)まる 前(まえ)に ご飯(はん)を 食(た)べて おきましょう。

① 買(か)う

➡ 友達(ともだち)が 遊(あそ)びに 来(く)るので、ケーキを ＿＿＿＿＿＿て おきましょう。

② 連絡(れんらく)する

➡ 先(さき)に 彼(かれ)に ＿＿＿＿＿＿て おいて ください。

③ 覚(おぼ)える

➡ これは 重要(じゅうよう)ですから、＿＿＿＿＿＿て おいて ください。

어휘 및 표현

入(はい)る 들어가다, 들어오다 すてきだ 멋지다 店(みせ) 가게 考(かんが)える 생각하다 もう 一度(いちど) 한 번 더
ゆっくり 천천히, 푹 授業(じゅぎょう) 수업 始(はじ)まる 시작되다 連絡(れんらく)する 연락하다 先(さき)に 먼저
覚(おぼ)える 외우다, 기억하다 重要(じゅうよう)だ 중요하다

[3]

A その本は読みましたか。(おもしろくて 全部 読む)

B はい、おもしろくて 全部 読んで しまいました。

① A 晩ご飯は もう 食べましたか。(今日は 6時 前に 食べる)

B はい、_____

② A 彼に メールを 送りましたか。(もう 送る)

B はい、_____

③ A 田中さんは もう 帰りましたか。(4時頃 帰る)

B はい、_____

[4]

보기 A どうしましたか。(字が 小さい・見えません)

B 字が 小さくて、見えません。

① A どうしましたか。(声が 小さい・聞こえません)

B _____

② A どうしましたか。(漢字が 多い・分かりにくいです)

B _____

③ A どうしましたか。(この頃 店が 暇だ・大変です)

B _____

어휘 및 표현 ....

送(おく)る 보내다　もう 이미, 이제, 벌써　字(じ) 글자, 글씨　小(ちい)さい 작다　見(み)える 보이다　声(こえ) 목소리
聞(き)こえる 들리다　漢字(かんじ) 한자　多(おお)い 많다　分(わ)かる 알다, 이해하다
동사의 ます형+にくい ~하기 불편하다, ~하기 어렵다　この頃(ごろ) 요즘　暇(ひま)だ 한가하다　大変(たいへん)だ 힘들다, 큰일이다

06 ㅣ ちょっと 前に ご飯を 食べて しまって　**57**

[1] 대화를 잘 듣고 내용과 맞는 그림을 모두 고르세요. 🎧 17

( ) ( ) ( ) ( )

[2] 대화를 잘 듣고 내용과 맞는 그림을 모두 고르세요. 🎧 18

( ) ( ) ( ) ( )

어휘 및 표현

いらっしゃいませ 어서 오세요 *가게 등에서 손님에게 하는 말 ジュース 주스 いただきます 잘 먹겠습니다 お客(きゃく)さん 손님
セーター 스웨터 色(いろ) 색 L(エル)サイズ 라지 사이즈 もちろん 물론 インスタントラーメン 인스턴트라면
マッサージチェア 마사지 의자 座(すわ)る 앉다 どうやって 어떻게 (해서) クラス 클래스, 반 言葉(ことば) 말, 단어
そうだ 그렇다, 맞다 *생각해 내거나 생각났을 때 감탄사적으로 씀 偉(えら)い 훌륭하다 アプリ 앱 考(かんが)え 생각

★ 다음을 소리 내어 읽고, 우리말로 되어 있는 부분을 일본어로 바꿔 보세요. 그리고 질문에 일본어로 답해 보세요.

林さんの 日記 ： 今日は 弟と 一緒に お祭りに 行きました。家で 浴衣を 着て みましたが、古く なって いましたので、やめました。お祭りでは 人が とても 多くて 歩きにくかったです。

それでも、きれいな 花火を 見ながら、弟と おいしく 焼きそばと たこ焼きを 食べました。本当に おいしくて、ビールも たくさん 飲んで しまいました。夜 10時に 家へ 帰りました。今日は とても 楽しかったので、寝る前に SNSに 写真を のせて おきました。

A (① 오늘 하야시 씨는 무엇을 했습니까?)

B _____

A (② 하야시 씨는 유카타를 입고 갔습니까?)

B _____

A (③ 하야시 씨는 마쓰리에서 무엇을 봤습니까?)

B _____

A (④ 하야시 씨는 마쓰리에서 무엇을 먹었습니까?)

B _____

A (⑤ 하야시 씨는 몇 시에 집에 돌아갔습니까?)

B _____

A (⑥ 하야시 씨는 자기 전에 무엇을 했습니까?)

B _____

Tip

～て みます ～해 봅니다 / ～て おきます ～해 둡니다, ～해 놓습니다 /

～て しまいます ～해 버립니다 / な형용사의 어간+で ～해서 / い형용사의 어간+くて ～여서

어휘 및 표현

お祭(まつ)り 마쓰리, 축제 浴衣(ゆかた) 유카타 *(목욕 후 또는 여름철에 입는) 무명 홑옷 古(ふる)い 낡다, 오래되다 やめる 그만두다
歩(ある)く 걷다 それでも 그래도 花火(はなび) 불꽃놀이 焼(や)きそば 야키소바, 볶은 메밀국수 たこ焼(や)き 다코야키, 문어빵
SNS(エスエヌエス)に のせる SNS에 올리다

向
향할 **향**

´ ｒ´ ｎ 向 向 向

관련어휘 向上 향상　方向 방향　向こう 건너편　向かう 향하다

間
사이 **간**

｜ ｒ ｒ ｒ 門 門 門 門 間 間 間

관련어휘 時間 시간　期間 기간　空間 공간　人間 인간

着
붙을 **착**

ヽ ｙ ｙ 并 并 羊 关 着 着 着

관련어휘 到着 도착　密着 밀착　着席 착석　着陸 착륙　着く 도착하다

風
바람 **풍**

ノ 几 凡 凡 同 同 風 風 風

관련어휘 台風 태풍　風景 풍경　風 바람　風邪 감기

作
지을 **작**

ノ ／ イ 仁 仵 作 作

관련어휘 原作 원작　作成 작성　制作 제작　作業 작업　作る 만들다

60

[1] 다음 단어를 히라가나로 써 보세요.

① <u>向</u>こう (　　　　　　　　) ② 空間 (　　　　　　　　　　)

③ 人間 (　　　　　　　　) ④ 到着 (　　　　　　　　　　)

⑤ 風景 (　　　　　　　　) ⑥ 作業 (　　　　　　　　　　)

[2] 다음 단어를 한자로 써 보세요.

① <u>む</u>かう (　　　　　　　　) ② ほうこう (　　　　　　　　　　)

③ じかん (　　　　　　　　) ④ ちゃくせき (　　　　　　　　　　)

⑤ かぜ (　　　　　/　　　　) ⑥ さくせい (　　　　　　　　　　)

[3] 다음 밑줄 친 부분의 단어 중 한자로 되어 있는 것은 히라가나로, 히라가나로 되어
　　 있는 것은 한자로 바꿔 써 보세요.

> 昨日は <u>かぜ</u>が 強くて、冷たい 雨も 降りましたので、<u>かぜ</u>を 引いて しま
> 　　　　　①　　　　　　　　　　　　　　　　　　　　　　　　　　②
> いました。今日は 薬を 飲んで 家で 休んで いますが、何も する ことが な
> くて、テレビで 小説 <u>原作</u>の 映画を 見ました。その 映画の <u>制作</u> <u>期間</u>は 10
> 　　　　　　　　　　③　　　　　　　　　　　　　　　　　④　　⑤
> 年だと 言います。<u>たいふう</u>の シーンは すばらしかったです。
> 　　　　　　　　　⑥

日本に行ったことが
ありますか。

일본에 간 적이 있습니까?

학습 목표

1 동사의 た형

2 〜た+명사 ~한 ~, ~했던 ~

3 〜たことがあります ~한 적이 있습니다

4 〜だけ ~뿐, ~만 / 〜しか ~밖에

회화 🎧 19

山田　金さんは 日本に 行った ことが ありますか。

金　はい、行った ことが あります。

山田　どこに 行きましたか。

金　大阪、北海道、別府 など 色々な 所に 行きました。

山田　そうですか。私は 別府しか 行った ことが ありません。
　　　北海道は どんな 所でしたか。

金　どこも きれいで、料理も おいしかったですよ。

山田　私も 行って みたいですね。大阪は どうでしたか。

金　大阪は 僕が 旅行した 所の 中で 一番 にぎやかでした。

山田　日本人の 私より 日本の 色々な 所を 旅行しましたね。

어휘 및 표현

大阪(おおさか) 오사카 *일본의 지명　北海道(ほっかいどう) 홋카이도 *일본의 지명　別府(べっぷ) 벳푸 *일본의 지명　～など ～등
色々(いろいろ)な 여러 가지, 다양한　所(ところ) 곳　～しか ～밖에　どこも 어디나 (모두)　旅行(りょこう)する 여행하다
～中(なか) ～ 중　一番(いちばん) 가장, 제일　にぎやかだ 번화하다, 북적이다　～より ～보다

[1] 동사의 た형

1그룹	① 어미가 「う、つ、る」로 끝나는 동사 → った	買_かう → 買_かった 待_まつ → 待_まった 乗_のる → 乗_のった
	② 어미가 「ぬ、ぶ、む」로 끝나는 동사 → んだ	死_しぬ → 死_しんだ 遊_{あそ}ぶ → 遊_{あそ}んだ 飲_のむ → 飲_のんだ
	③ 어미가 「く、ぐ」로 끝나는 동사 → いた、いだ	書_かく → 書_かいた 泳_{およ}ぐ → 泳_{およ}いだ 行_いく → 行_いった 예외
	④ 어미가 「す」로 끝나는 동사 → した	話_{はな}す → 話_{はな}した
2그룹	어미 「る」를 떼고 + た	見_みる → 見_みた 食_たべる → 食_たべた
3그룹	する 来_くる	する → した 来_くる → 来_きた

- 時間_{じかん}が なくて、タクシーに 乗_のった。
- あ、お腹_{なか} 空_すいたね。何_{なに}か 食_たべましょう。
- 家族_{かぞく}と 温泉_{おんせん}に 行_いったけど、雪_{ゆき}が 降_ふって きれいだった。
- 書類_{しょるい}は 机_{つくえ}の 上_{うえ}に 置_おいたから、後_{あと}で 見_みて ください。

어휘 및 표현

お腹(なか)(が) 空(す)く 배고프다 家族(かぞく) 가족 温泉(おんせん) 온천 雪(ゆき) 눈 降(ふ)る (비 · 눈 등이) 내리다, 오다
書類(しょるい) 서류 机(つくえ) 책상 上(うえ) 위 置(お)く 두다, 놓다 後(あと)で 나중에

[2] **〜た＋명사** ~한 ~, ~했던 ~

- 風邪を 引いた 時は、ゆっくり 休んで ください。
- 授業が 終わった 人は 家に 帰っても いいです。
- 昨日 見た 映画は とても おもしろかったです。
- 車を 止めた 所を 忘れて しまった。

[3] **〜た ことが あります** ~한 적이 있습니다

- 富士山に 登った ことが ありますか。
- ┌ A : 友達に うそを ついた ことが ありますか。
  └ B : いいえ、一度も ありません。
- 学生の 時、ドイツ語を 習った ことが あります。

[4] **〜だけ** ~뿐, ~만 / **〜しか** ~밖에

- うちの クラスでは マリーさんだけ 日本語が できます。
- 授業で 質問する 人は 木村君だけです。
- 教室の 中には 学生が 二人しか いません。
- 僕は 海外は イギリスしか 行った ことが ありません。

어휘 및 표현

風邪(かぜ)を 引(ひ)く 감기에 걸리다 授業(じゅぎょう) 수업 止(と)める 세우다 忘(わす)れる 잊다 富士山(ふじさん) 후지산
登(のぼ)る 오르다 うそを つく 거짓말을 하다 一度(いちど)も 한 번도 ドイツ語(ご) 독일어 習(なら)う 배우다 うち 우리
クラス 클래스, 반 できる 할 수 있다 質問(しつもん)する 질문하다 教室(きょうしつ) 교실 中(なか) 안 海外(かいがい) 해외
イギリス 영국

[1] 보기 風邪（かぜ）を 引（ひ）く ➡ 風邪（かぜ）を 引（ひ）いた

① 行（い）く ➡ _____

② 取（と）る ➡ _____

③ する ➡ _____

④ 切（き）る ➡ _____

⑤ 覚（おぼ）える ➡ _____

⑥ 聞（き）く ➡ _____

⑦ 来（く）る ➡ _____

⑧ 話（はな）す ➡ _____

⑨ 呼（よ）ぶ ➡ _____

⑩ 習（なら）う ➡ _____

[2] 보기 薬（くすり）を 飲（の）む

➡ 薬（くすり）を 飲（の）んだ 時（とき）は、運転（うんてん）しては いけません。

① テストが 終（お）わる

➡ _____ た 人（ひと）は、家（いえ）に 帰（かえ）っても いいです。

② 吉田（よしだ）さんに 会（あ）う

➡ _____ た 時（とき）、これを 渡（わた）して ください。

③ 食（た）べすぎる

➡ _____ た 日（ひ）は、運動（うんどう）しましょう。

어휘 및 표현

取(と)る (손에) 들다, 잡다 切(き)る 자르다 運転(うんてん)する 운전하다 終(お)わる 끝나다 渡(わた)す 건네다, 건네 주다
동사의 ます형+すぎる 너무 ~하다, 지나치게 ~하다 日(ひ) 날 運動(うんどう)する 운동하다

[3]

芸能人に 会う

➡ A 芸能人に 会った ことが ありますか。

B1 はい、会った ことが あります。

B2 いいえ、会った ことが ありません。

① 日本の 温泉に 行く

➡ A _____

B1 はい、_____

② ボランティアに 参加する

➡ A _____

B1 はい、_____

③ 日本語で 手紙を 書く

➡ A _____

B2 いいえ、_____

[4]

[だけ / しか] 보기 A 日本語の 宿題は これ(だけ)ですか。

B はい、宿題は これ(しか)ありません。

① 会議に 遅刻した 人は 私(　　　)ですか。

② テストに 必要な 物は 辞書(　　　) ありません。

③ この 話は 私(　　　)知って います。

④ この クラスで 外国人は 二人(　　　)いません。

어휘 및 표현

芸能人(げいのうじん) 연예인　温泉(おんせん) 온천　ボランティア 봉사활동　参加(さんか)する 참가하다　手紙(てがみ) 편지
宿題(しゅくだい) 숙제　遅刻(ちこく)する 지각하다　物(もの) 물건, 것　辞書(じしょ) 사전　知(し)る 알다　クラス 클래스, 반

[1] 대화를 잘 듣고 박 씨가 해 본 적이 있는 것을 모두 고르세요. 🎧 20

(   )   (   )   (   )   (   )

[2] 대화를 잘 듣고 내용과 맞는 그림을 고르세요. 🎧 21

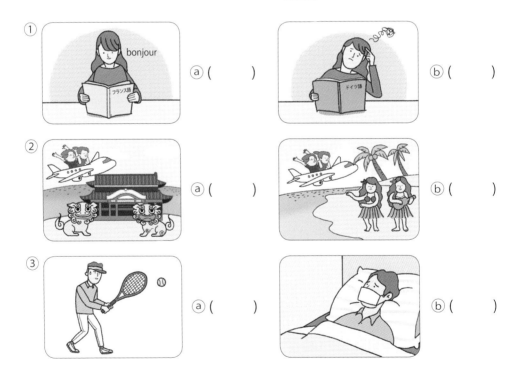

① ⓐ (   )   ⓑ (   )

② ⓐ (   )   ⓑ (   )

③ ⓐ (   )   ⓑ (   )

어휘 및 표현

ジェジュド(済州島) 제주도　よく 잘, 자주　ハルラ山(さん) 한라산　登(のぼ)る 오르다　一度(いちど) 한 번
パラグライダー 패러글라이딩(=パラグライディング)　やる 하다　こわい 무섭다　沖縄(おきなわ) 오키나와 *일본의 지명
調子(ちょうし) 몸 상태, 컨디션　無理(むり)する 무리하다　マスクを つける 마스크를 하다　ゆっくり 천천히, 푹

68

★ 우리말로 되어 있는 부분을 일본어로 바꿔 말해 보세요.

鈴木　李さんは (① 번지점프를 한 적이 있습니까?)

李　　はい、(② 아프리카에 갔을 때 한 적이 있습니다.)

鈴木　うわ、すごいですね。こわくなかったですか。

李　　(③ 처음에는 두근두근했지만,) 思ったより こわくなかったです。

鈴木　そうですか。(④ 높지 않았습니까?)

李　　111 メートルぐらいでしたよ。

鈴木　うわ、すごいですね。(⑤ 언젠가 저도 해 보고 싶네요.)

李　　とても 楽しかったです。(⑥ 나중에 꼭 해 보세요.)

バンジージャンプ 번지점프 ／ ～た ことが あります ～한 적이 있습니다 ／ アフリカ 아프리카 ／
～た+명사 ～한 ～, ～했던 ～ ／ 最初 최초, 처음 ／ どきどきする 두근두근하다 ／ いつか 언젠가 ／
後で 나중에 ／ ぜひ 꼭

어휘 및 표현

すごい 굉장하다　思(おも)ったより 생각했던 것보다　メートル 미터, m

野菜や 魚を 食べたり 歩いたり しています。

채소랑 생선을 먹거나 걷거나 하고 있습니다.

山田 　金さん、最近、健康ブームですね。何か して いますか。

金 　そうですね。特に 何も して いませんが、

　　野菜や 魚を 食べたり 歩いたり して います。

　　山田さんは どうですか。

山田 　私は いつも 早寝早起きを したり、週 2回、ヨガに 通ったり

　　して います。それから 週末は 晩ご飯を 食べた 後で、

　　犬と 散歩して います。

金 　それで 山田さんが いつも 元気に 仕事を して いるかもしれま

　　せんね。

山田 　そうですね。あ、そうだ。金さん、野菜も いいですが、

　　お肉も 少しは 食べた 方が いいですよ。

金 　はい、わかりました。

어휘 및 표현

最近(さいきん) 최근 健康(けんこう) 건강 ブーム 붐, 유행 特(とく)に 특히, 특별히, 딱히 何(なに)も 아무것도 野菜(やさい) 채소
〜や 〜랑 魚(さかな) 생선 歩(ある)く 걷다 早寝早起(はやねはやおき) 일찍 자고 일찍 일어남 週(しゅう) 주, 일주일
〜回(かい) 〜회, 〜번 ヨガ 요가 通(かよ)う 다니다 散歩(さんぽ)する 산책하다 元気(げんき)だ 건강하다, 활력이 넘치다
そうだ 그렇다, 맞다 *생각해 내거나 생각났을 때 감탄사적으로 씀 肉(にく) 고기

[1]　～た 方^{ほう}が いいです ~하는 편이 좋습니다

- それは 先生^{せんせい}に 聞^きいた 方^{ほう}が いいです。
- せっけんで 手^てを よく 洗^{あら}った 方^{ほう}が いいです。
- 毎日^{まいにち} 運動^{うんどう}した 方^{ほう}が いいです。
- 家^{いえ}へ 早^{はや}く 帰^{かえ}った 方^{ほう}が いいです。
- 野菜^{やさい}を たくさん 食^たべた 方^{ほう}が いいです。

[2]　～たり ～たり します ~하거나 ~하거나 합니다

- A : 週末^{しゅうまつ}は 何^{なに}を しますか。
  B : 遅^{おそ}くまで 寝^ねたり 友達^{ともだち}に 会^あったり します。
- A : 日本語^{にほんご}の 授業^{じゅぎょう}に 行^いって 何^{なに}を しますか。
  B : 先生^{せんせい}の 説明^{せつめい}を 聞^きいたり 本^{ほん}を 読^よんだり します。
- A : ご飯^{はん}は いつも 自分^{じぶん}で 作^{つく}りますか。
  B : 自分^{じぶん}で 作^{つく}ったり 外^{そと}で 食^たべたり します。

어휘 및 표현

聞(き)く 듣다, 묻다　せっけん 비누　手(て) 손　よく 잘, 자주　洗(あら)う 씻다　毎日(まいにち) 매일　運動(うんどう)する 운동하다
早(はや)く 일찍, 빨리　遅(おそ)くまで 늦게까지　説明(せつめい) 설명　自分(じぶん)で 직접, 스스로　作(つく)る 만들다　外(そと) 밖
～で ~에서

[3]　～た 後_{あと}で ～한 후에

- 買_かい物_{もの}を した 後_{あと}で、彼氏_{かれし}と デートを します。
- ひらがなを 覚_{おぼ}えた 後_{あと}で、カタカナを 習_{なら}います。
- 日本人_{にほんじん}は 食事_{しょくじ}を した 後_{あと}で、「ごちそうさまでした」と 言_いいます。
- ご飯_{はん}を 食_たべた 後_{あと}で、風邪薬_{かぜぐすり}を 飲_のみます。

[4]　～かも しれません ～할지도 모릅니다, ～일지도 모릅니다

- 社長_{しゃちょう}の 娘_{むすめ}さんは 日本語_{にほんご}が 上手_{じょうず}かも しれません。
- 明日_{あした}は その 店_{みせ}の 休_{やす}みかも しれません。
- 早_{はや}く 家_{いえ}へ 帰_{かえ}った 方_{ほう}が いいかも しれません。
- 明日_{あした}は 寒_{さむ}くなるかも しれません。
- 彼_{かれ}に 電話_{でんわ}した 方_{ほう}が いいですよ。寝_ねているかも しれません。

어휘 및 표현

買(か)い物(もの) 물건을 삼, 쇼핑　彼氏(かれし) 남자 친구　デート 데이트　覚(おぼ)える 외우다, 기억하다　習(なら)う 배우다
食事(しょくじ) 식사　ごちそうさまでした 잘 먹었습니다　～と ～라고　言(い)う 말하다
風邪薬(かぜぐすり)を 飲(の)む 감기약을 먹다　社長(しゃちょう) 사장(님)　娘(むすめ)さん (남의) 딸, 따님　休(やす)み 휴일, 쉬는 날
早(はや)く 일찍, 빨리

[1]

보기 A この 漢字(かんじ)が 分(わ)かりません。(先生(せんせい)に 聞(き)く)

B 先生(せんせい)に 聞(き)いた 方(ほう)が いいです。

① A 最近(さいきん)、とても 忙(いそが)しいです。(少(すこ)し 休(やす)む)

B _____

② A 頭(あたま)が 痛(いた)いです。(薬(くすり)を 飲(の)む)

B _____

③ A 最近(さいきん)、太(ふと)って しまいました。(毎日(まいにち) 運動(うんどう)する)

B _____

[2]

보기 A 週末(しゅうまつ)、何(なに)を しますか。(映画(えいが)を 見(み)る・音楽(おんがく)を 聞(き)く)

B 映画(えいが)を 見(み)たり 音楽(おんがく)を 聞(き)いたり します。

① A 学校(がっこう)で 何(なに)を しますか。(授業(じゅぎょう)を 受(う)ける・レポートを 書(か)く)

B _____ たり _____ たり します。

② A 恋人(こいびと)に 会(あ)って、何(なに)を しますか。

(コーヒーを 飲(の)む・インターネットカフェに ゲームを しに 行(い)く)

B _____ だり、_____ たり します。

③ A 昨日(きのう)は 何(なに)を しましたか。(料理(りょうり)を 作(つく)る・掃除(そうじ)する)

B _____ たり、_____ たり しました。

어휘 및 표현

漢字(かんじ) 한자 分(わ)かる 알다, 이해하다 忙(いそが)しい 바쁘다 少(すこ)し 조금 休(やす)む 쉬다 頭(あたま) 머리
痛(いた)い 아프다 太(ふと)る 살찌다 音楽(おんがく) 음악 聞(き)く 듣다, 묻다 授業(じゅぎょう) 수업
受(う)ける (어떤 행위를) 받다 恋人(こいびと) 연인, 애인 インターネットカフェ 인터넷 카페, PC방 ゲーム 게임

[3]

보기　A 家へ 帰って、何を しますか。(手を 洗う・ご飯を 食べる)

　　　B 手を 洗った 後で、ご飯を 食べます。

① A バイトが 終わって、何を しますか。

　　(図書館に 行って 勉強する・家に 帰る)

　　B _____

② A 授業が 終わって、何を しますか。

　　(みんなで ご飯を 食べる・コーヒーを 飲みに 行く)

　　B _____

③ A 彼女に 会って、何を しますか。(映画を 見る・レストランで 食事を する)

　　B _____

[4]

보기　A この テスト、どうですか。(小学生には 難しい)

　　　B 小学生には 難しいかも しれません。

① A 山田さん、高い 車に 乗って いますね。(お金持ち)

　　B _____

② A 曇って いますね。(雨が 降る)

　　B _____

③ A 木村さんは 韓国語が 上手ですね。(英語も 上手だ)

　　B _____

어휘 및 표현

手(て) 손　洗(あら)う 씻다　バイト 아르바이트 *「アルバイト」의 준말　終(お)わる 끝나다　図書館(としょかん) 도서관
みんなで 모두 다같이　동사의 ます형+に 行(い)く ~하러 가다　小学生(しょうがくせい) 초등학생　お金持(かねも)ち 부자
曇(くも)る 흐리다　雨(あめ) 비　降(ふ)る (비·눈 등이) 내리다, 오다　上手(じょうず)だ 잘하다, 능숙하다

[1] 대화를 잘 듣고 내용과 맞는 그림을 모두 고르세요. 23

(   )   (   )   (   )   (   )

[2] 대화를 잘 듣고 질문에 대한 답을 써 보세요. 🎧 24

① 김 씨는 한가한 때 무엇을 합니까?

_____

② 기무라 씨는 한가한 때 무엇을 합니까?

_____

③ 야마다 씨는 한가한 때 무엇을 합니까?

_____

어휘 및 표현 ....

皆(みな)さん 여러분　起(お)きる 일어나다, 기상하다　もう 이미, 이제, 벌써　顔(かお) 얼굴　ご飯(はん) 밥　お皿(さら) 접시
自分(じぶん)で 직접, 스스로　〜ておく 〜해 두다, 〜해 놓다　自由(じゆう) 자유　遊(あそ)ぶ 놀다　散歩(さんぽ)する 산책하다
暇(ひま)だ 한가하다　〜時(とき) 〜 때

말하기 훈련

★ 우리말로 되어 있는 부분을 일본어로 바꿔 말해 보세요.

鈴木　朴(パク)さん、(① 일본어를 잘하네요.)

朴　　あ、ありがとうございます。

鈴木　(② 언제부터 배웠습니까?)

朴　　1年(いちねん) 前(まえ)から 始(はじ)めました。

鈴木　えっ? 1年(いちねん) 前(まえ)ですか。どうやって 勉強(べんきょう)しましたか。

朴　　(③ 매일 한자를 외우거나 일본 드라마를 보거나 했습니다.)

鈴木　偉(えら)いですね。

朴　　(④ 드라마를 본 후에,) 文章(ぶんしょう)を 書(か)いて みました。

　　　(⑤ 좋은 공부가 되었습니다.)

鈴木　(⑥ 역시 즐겁게 공부하는 편이 가장 좋군요.)

朴　　そうですね。

いつから 언제부터 / 習(なら)う 배우다 / 毎日(まいにち) 매일 / 漢字(かんじ) 한자 / 覚(おぼ)える 외우다, 기억하다 /
ドラマ 드라마 / ～たり ～たり します ～하거나 ～하거나 합니다 / ～た 後(あと)で ～한 후에 /
やっぱり 역시 / 楽(たの)しい 즐겁다 / ～た 方(ほう)が いいです ～하는 편이 좋습니다 / 一番(いちばん) 가장, 제일

어휘 및 표현

始(はじ)める 시작하다　どうやって 어떻게 (해서)　偉(えら)い 훌륭하다　文章(ぶんしょう) 문장

私は 家族で ベトナムに 行く 予定です。

わたし か ぞく

い よ てい

저는 가족끼리 베트남에 갈 예정입니다.

학습 목표

1 동사의 ない형

2 ～ないで ください ~하지 마세요, ~하지 말아 주세요

3 ～予定です ~ 예정입니다 / ～つもりです ~ 생각입니다, ~ 작정입니다

よ てい

4 い형용사·동사+ので / 명사·な형용사의 어간+な+ので
　～하기 때문에, ~이기 때문에

金　今度の ゴールデンウイークは 何を する つもりですか。

山田　まだ 決まって いないけど、どこか 旅行に 行きたいです。

金　そうですか。私は 家族で ベトナムに 行く 予定です。

山田　ホテルと 飛行機の 予約は しましたか。

金　飛行機は 大丈夫でしたが、ホテルの 予約が できなかったので 心配です。

山田　え? 満室ですか。

金　はい、これから 他の ウェブサイトで 民宿を 調べて みる つもりです。

山田　それが いいですね。そして 出発 前に 予約の 確認を 忘れないで くださいね。

今度(こんど) 이번, 다음번　ゴールデンウイーク 골든위크, 황금연휴 *(일본에서) 4월 말부터 5월 초까지의 휴일이 많은 1주일
つもり 생각, 작정　決(き)まる 정해지다　どこか 어딘가　旅行(りょこう) 여행　家族(かぞく)で 가족끼리　ベトナム 베트남
予定(よてい) 예정　飛行機(ひこうき) 비행기　予約(よやく) 예약　できる 할 수 있다　心配(しんぱい)だ 걱정이다　満室(まんしつ) 만실
他(ほか) 다른 (것)　ウェブサイト 웹사이트　民宿(みんしゅく) 민박　調(しら)べる 알아보다, 조사하다　出発(しゅっぱつ) 출발
確認(かくにん) 확인　忘(わす)れる 잊다

[1] 동사의 ない형

1그룹	어미「う」단을「あ」단으로 바꾸고 + ない 주의 会う → 会あない(×) 会わない(○) 예외 ある → あらない(×) ない(○)	買う → 買わない 待つ → 待たない 乗る → 乗らない 遊ぶ → 遊ばない 書く → 書かない 話す → 話さない
2그룹	어미「る」를 떼고 + ない	見る → 見ない 食べる → 食べない
3그룹	する 来る	する → しない 来る → 来ない

- 家から 会社まで 10分しか かからない。
- 彼は 何が あっても 絶対に 走らない。
- 私は 寝る 前は 何も 食べない。
- 旅行の 時、クレジットカードを 使わなかった。 ┄┄┄ •「～ない」는 い형용사처럼 활용함
- ホテルは 満室で 予約できなかった。

어휘 및 표현

～しか ～밖에 かかる (시간 등이) 걸리다 何(なに)が あっても 무슨 일이 있어도 絶対(ぜったい)(に) 절대로 走(はし)る 달리다, 뛰다
何(なに)も 아무것도 クレジットカード 신용카드 使(つか)う 사용하다, 쓰다

[2] ～ないで ください ~하지 마세요, ~하지 말아 주세요

- 夜は 危ないですから、一人で 出かけないで ください。
- 明日の 出発は 午前 7時ですよ。遅れないで ください。
- 試験中に 辞書や ケータイ などを 出さないで ください。

[3] ～予定です ~ 예정입니다 / ～つもりです ~ 생각입니다, ~ 작정입니다

- 来週、日本の 福岡に 出張する 予定です。
- ┌ A: 金さんは 卒業後、何を する つもりですか。
  └ B: 日本の 会社で 働く つもりです。
- 試験に 合格するまでは お酒を 飲まない つもりです。

[4] い형용사·동사＋ので / 명사·な형용사의 어간＋な＋ので ~하기 때문에, ~이기 때문에

- 電車が 遅れたので、遅刻しました。
- この 椅子は 壊れて いるので、座らないで ください。
- デパートへ 行ったが、思ったより 高かったので、買い物を やめました。
- この 公園は きれいで 静かなので、散歩に ちょうどいい。
- 今日は いい お天気なので、歩いて 学校まで 行った。

어휘 및 표현

夜(よる) 밤　危(あぶ)ない 위험하다　出(で)かける (밖에) 나가다, 외출하다　出発(しゅっぱつ) 출발　午前(ごぜん) 오전
遅(おく)れる 늦다, 지각하다　～中(ちゅう) ~ 중　辞書(じしょ) 사전　ケータイ 휴대전화　出(だ)す 내놓다, 꺼내다
福岡(ふくおか) 후쿠오카 *일본의 지명　出張(しゅっちょう) 출장　卒業(そつぎょう) 졸업　～後(ご) ~ 후　働(はたら)く 일하다
合格(ごうかく)する 합격하다　遅刻(ちこく)する 지각하다　椅子(いす) 의자　壊(こわ)れる 고장 나다, 부서지다　座(すわ)る 앉다
思(おも)ったより 생각했던 것보다　やめる 그만두다　ちょうどいい 딱 좋다, 꼭 알맞다

[1]

終わる ➡ 終わらない / 終わらなかった

① 座る ➡ ＿＿＿＿ / ＿＿＿＿　② 歩く ➡ ＿＿＿＿ / ＿＿＿＿

③ する ➡ ＿＿＿＿ / ＿＿＿＿　④ 遅れる ➡ ＿＿＿＿ / ＿＿＿＿

⑤ 買う ➡ ＿＿＿＿ / ＿＿＿＿　⑥ 待つ ➡ ＿＿＿＿ / ＿＿＿＿

⑦ 来る ➡ ＿＿＿＿ / ＿＿＿＿　⑧ 見える ➡ ＿＿＿＿ / ＿＿＿＿

⑨ 入る ➡ ＿＿＿＿ / ＿＿＿＿　⑩ 使う ➡ ＿＿＿＿ / ＿＿＿＿

[2]

보기 この 中に 入っても いいですか。(入る)

➡ いいえ、危ないですから、入らないで ください。

① 明日、僕が ちょっと 手伝いましょうか。(来る)

➡ いいえ、一人で できますから、＿＿＿＿＿＿＿＿＿＿＿＿＿＿

② ここで 写真を 撮っても いいですか。(撮る)

➡ いいえ、＿＿＿＿＿＿＿＿＿＿＿＿＿＿＿＿＿＿＿＿＿＿＿

③ ホテルの 部屋で たばこを 吸っても いいですか。(吸う)

➡ いいえ、禁煙ですから、＿＿＿＿＿＿＿＿＿＿＿＿＿＿＿＿＿

어휘 및 표현

見(み)える 보이다　手伝(てつだ)う 돕다, 거들다　一人(ひとり)で 혼자서　できる 할 수 있다　写真(しゃしん) 사진
撮(と)る (사진을) 찍다　たばこを 吸(す)う 담배를 피우다　禁煙(きんえん) 금연

[3]

スポーツクラブで クライミングを する・予定

→ A 今週の 土曜日は 何を しますか。

B スポーツクラブで クライミングを する 予定です。

① 家族と 食事を する・予定

→ A 明日の 午後は 何を しますか。

B _____

② 髪を 切る・つもり

→ A 週末、何を しますか。

B _____

[4]

食べません・ので

→ うちの 犬が 何も 食べないので、みんな 心配して います。

① 三連休です・ので

→ 今日から 3連休 _____、どこか 遊びに 行きたいです。

② 残業しました・ので

→ 昨日は 夜遅くまで 残業 _____、とても 眠いです。

③ 涼しかったです・ので

→ 久しぶりに 風が 涼し _____、彼女と 海に ドライブに 行きました。

어휘 및 표현

スポーツクラブ 스포츠 클럽 クライミング 클라이밍, 암벽등반 髪(かみ) 머리(카락) 切(き)る 자르다 心配(しんぱい)する 걱정하다
三連休(さんれんきゅう) 사흘 연휴 残業(ざんぎょう)する 잔업하다 眠(ねむ)い 졸리다 久(ひさ)しぶりに 오랜만에 風(かぜ) 바람
涼(すず)しい 선선하다 ドライブ 드라이브 동작성 명사+に 行(い)く ～하러 가다

[1] 대화를 잘 듣고 내용과 맞으면 O, 틀리면 X를 하세요. 🎧 26

① 내일은 기무라 선생님의 세미나가 있습니다. (   )

② 김 씨는 내일 있을 세미나를 잊고 있었습니다. (   )

③ 세미나는 내일 아침 9시부터입니다. (   )

④ 김 씨는 내일 세미나에 가지 않을 예정입니다. (   )

[2] 대화를 잘 듣고 내용과 맞는 그림을 고르세요. 🎧 27

①

ⓐ (   )

②
ⓐ (   )

③

ⓐ (   )

ⓑ (   )

ⓑ (   )

ⓑ (   )

어휘 및 표현

ゼミ 세미나 *대학에서 하는 스터디 ごめんなさい 미안합니다 メモする 메모하다 ~年間(ねんかん) ~년간
付(つ)き合(あ)う 사귀다, (의리나 사교상) 함께하다 一日中(いちにちじゅう) 하루 종일 ハイヒール 하이힐
はく (하의·신발 등을) 입다, 신다 働(はたら)く 일하다 お昼(ひる) 점심밥 長時間(ちょうじかん) 장시간 体(からだ) 몸
仕事上(しごとじょう) 업무상 ルール 룰, 규칙 引(ひ)っ越(こ)し 이사 出席(しゅっせき) 출석 しょうがない 어쩔 수 없다
大事(だいじ)だ 중요하다, 소중하다 な형용사의 어간+な+のに ~인데(도)

84

★ 다음을 소리 내어 읽고, 우리말로 되어 있는 부분을 일본어로 바꿔 보세요. 그리고 질문에 일본어로 답해 보세요.

私は 朴です。来年 日本の 大学に 留学する つもりです。それで、日本語を 勉強して います。今年の 7月に 日本語試験を 受ける 予定ですが、2か月しか 時間が なくて、少し 不安です。でも、できるだけ 頑張って みます。日本では ファッションデザインを 勉強する つもりです。デザイナーは 子供の 時からの 夢です。昔から 絵を 描いたり 何かを 作ったり することが 好きでした。留学の 準備や アルバイトで 色々と 大変ですが、最後まで 夢を あきらめない つもりです。

A (① 박 씨는 내년에 무엇을 할 생각입니까?)

B _____

A (② 박 씨의 꿈은 무엇입니까?)

B _____

A (③ 일본에서는 무슨 공부를 할 생각입니까?)

B _____

A (④ 박 씨는 무엇을 좋아합니까?)

B _____

A (⑤ 박 씨는 7월에 무엇을 할 예정입니까?)

B _____

Tip

～つもりです ～ 생각입니다, ～ 작정입니다 / ～予定です ～ 예정입니다 / 何の 무슨

어휘 및 표현

留学(りゅうがく)する 유학하다 受(う)ける (시험을) 치르다 ～しか ～밖에 不安(ふあん)だ 불안하다 できるだけ 될 수 있는 한
頑張(がんば)る 열심히 하다 ファッションデザイン 패션 디자인 夢(ゆめ) 꿈 昔(むかし) 옛날 絵(え) 그림 描(か)く (그림을) 그리다
色々(いろいろ)と 여러 가지로 最後(さいご) 마지막, 최후 あきらめる 포기하다, 단념하다

今
이제 금

ノ 人 스 今

관련어휘 今週 이번 주 今月 이달 今日 오늘 今年 올해 今朝 오늘 아침

料
헤아릴 료,
헤아릴 요

丶 ソ ニ 半 米 米 米 料 料 料

관련어휘 料理 요리 有料 유료 材料 재료 原料 원료 料金 요금

事
일 사

一 ー ー 亘 写 写 写 事

관련어휘 仕事 일 事故 사고 事務所 사무소 火事 화재 事 일, 것

特
특별할 특

丿 ノ 牛 牛 牛 牛 特 特 特 特

관련어휘 特別 특별 特徴 특징 特色 특색 特に 특히, 특별히, 딱히 特急 특급

決
결단한 결

丶 丶 丶 氵 沪 沪 決 決

관련어휘 決断 결단 判決 판결 決心 결심 決まる 정해지다 決める 정하다

86

[1] 다음 단어를 히라가나로 써 보세요.

① 今日 (   )   ② 原料 (   )

③ 特徴 (   )   ④ 事故 (   )

⑤ 決める (   )   ⑥ 今年 (   )

[2] 다음 단어를 한자로 써 보세요.

① けさ (   )   ② しごと (   )

③ とくに (   )   ④ きまる (   )

⑤ こと (   )   ⑥ とくべつ (   )

[3] 다음 밑줄 친 부분의 단어 중 한자로 되어 있는 것은 히라가나로, 히라가나로 되어 있는 것은 한자로 바꿔 써 보세요.

今日、うちで 小さな かじが ありました。息子が 料理を すると 言って、
　　　　　　　　　　①　　　　　　　　　　　　　　　②

ざいりょうの 準備を して いた 時でした。大した 事では ありませんでした
③

が、家族 みんな びっくりしましたので、これから 火を 使う 時は 特に 気を
⑤

付けます。

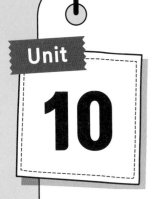

Unit

10

人が 大勢 いる 所には
行かない 方が いいですよ。

사람이 많이 있는 곳에는 가지 않는 편이 좋아요.

학습 목표

1 **〜ない 方が いいです** ~하지 않는 편이 좋습니다

2 **〜なければ なりません** ~하지 않으면 안 됩니다, ~해야 합니다

3 **〜なくても いいです** ~하지 않아도 됩니다

4 **〜ないで** ~하지 않고 *나열 / **〜なくて** ~하지 않아서 *원인·이유

先生 今日は とても 寒くて 風も 冷たいですね。

金 あ、先生、こんにちは。ええ、昨日より 寒いですね。

先生 最近、せきを する 患者が 多くて、人が 大勢 いる 所には 行かない 方が いいですよ。

金 そうですね。それに いつも 手を きれいに 洗わなければ なりませんね。

先生 私も 家族が 心配で、いつも そう 言って いますが、 息子が あまり 洗わなくて 心配です。

金 ハハハ、まだ 5歳ですから、そんなに うるさく 言わなくても いいですよ。

어휘 및 표현

風(かぜ) 바람 冷(つめ)たい 차갑다 最近(さいきん) 최근 せき 기침 患者(かんじゃ) 환자 多(おお)い 많다 人(ひと) 사람
大勢(おおぜい) 많이, 여럿 *사람에게만 사용함 それに 게다가, 더욱이 手(て) 손 洗(あら)う 씻다 心配(しんぱい)だ 걱정이다
そう 그렇게 言(い)う 말하다 息子(むすこ) (자신의) 아들 あまり 그다지, 별로 そんなに 그렇게 うるさい 잔소리가 심하다

[1]　〜ない 方が いいです 〜하지 않는 편이 좋습니다

- あまり お酒を 飲まない 方が いいです。
- この 映画は おもしろくないから、見ない 方が いいです。
- その ことは 鈴木さんには 言わない 方が いいです。
- 食べて、すぐ 寝ない 方が いいです。
- 彼女と 結婚しない 方が いいです。
- 道が 込むから、車を 持って 行かない 方が いいです。

[2]　〜なければ なりません 〜하지 않으면 안 됩니다, 〜해야 합니다

- この 会社では 日本語を 使わなければ なりません。
- ここでは 靴を 脱がなければ なりません。
- 家に 帰った 後は 手を きれいに 洗わなければ なりません。
- 言葉には 気を 付けなければ なりません。

어휘 및 표현

お酒(さけ) 술　飲(の)む 마시다　すぐ 곧, 바로, 금방　寝(ね)る 자다　彼女(かのじょ) 그녀, 여자 친구　結婚(けっこん)する 결혼하다
道(みち) 길　込(こ)む 붐비다, 혼잡하다　使(つか)う 사용하다, 쓰다　靴(くつ) 신발, 구두　脱(ぬ)ぐ 벗다　言葉(ことば) 말, 단어
気(き)を 付(つ)ける 조심하다, 주의하다

[3] ～なくても いいです _{～하지 않아도 됩니다}

- 彼女（かのじょ）も 大人（おとな）だから、そんなに 心配（しんぱい）しなくても いいです。
- 今日（きょう）は 授業（じゅぎょう）が ないから、学校（がっこう）に 行（い）かなくても いいです。
- これは 無料（むりょう）ですから、 お金（かね）を 払（はら）わなくても いいです。
- 今日（きょう）は 傘（かさ）を 持（も）って 行（い）かなくても いいです。
- そんなに 緊張（きんちょう）しなくても いいです。

[4] ～ないで _{～하지 않고 *나열} / ～なくて _{～하지 않아서 *원인·이유}

- ┌ 息子（むすこ）が ご飯（はん）を 食（た）べないで、学校（がっこう）へ 行（い）きました。
  └ 息子（むすこ）が ご飯（はん）を 食（た）べなくて、心配（しんぱい）です。
- ┌ 眼鏡（めがね）を かけないで、学校（がっこう）へ 来（き）ました。
  └ 眼鏡（めがね）を かけなくて、よく 見（み）えません。
- ┌ 勉強（べんきょう）しないで、試験（しけん）を 受（う）けました。
  └ 勉強（べんきょう）しなくて、0点（れいてん）でした。

어휘 및 표현

大人(おとな) 어른 心配(しんぱい)する 걱정하다 授業(じゅぎょう) 수업 無料(むりょう) 무료 お金(かね) 돈 払(はら)う 지불하다
傘(かさ) 우산 持(も)つ 가지다, 들다 緊張(きんちょう)する 긴장하다 眼鏡(めがね)をかける 안경을 쓰다 見(み)える 보이다
試験(しけん) 시험 受(う)ける (시험을) 치르다 0点(れいてん) 0점, 영점

[1]

보기 A 今、先生に 電話しても いいですか。(電話する)
B 夜遅いですから、電話しない 方が いいです。

① A 明日、学校を 休んでも いいですか。(休む)

B テストですから、_____

② A かわいい 犬ですね。写真を 撮っても いいですか。(写真を 撮る)

B 危ないですから、_____

③ A その 話を 林さんに 言っても いいですか。(言う)

B 秘密ですから、_____

[2]

보기 土曜日は 学校に 行く
➡ A 土曜日は 学校に 行かなければ なりませんか。
B いいえ、土曜日は 学校に 行かなくてもいいです。

① 朝、6時に 起きる

➡ A _____

B いいえ、_____

② 毎日、日本語を 勉強する

➡ A _____

B いいえ、_____

어휘 및 표현

夜遅(よるおそ)い 밤늦다 休(やす)む 쉬다 テスト 테스트, 시험 かわいい 귀엽다, 예쁘다 犬(いぬ) 개 写真(しゃしん) 사진
撮(と)る (사진을) 찍다 危(あぶ)ない 위험하다 話(はなし) 이야기 秘密(ひみつ) 비밀 起(お)きる 일어나다, 기상하다

[3]

보기 洗う

➡ 顔を 洗わ（ないで／なくて）、会社へ 行きました。

① 乗る

➡ バスに ＿＿＿＿（ないで／なくて）、家へ 帰りました。

② する

➡ 宿題を ＿＿＿＿（ないで／なくて）、学校へ 行きました。

③ 食べる

➡ ご飯を ＿＿＿＿（ないで／なくて）、お腹が 空きました。

④ 持つ

➡ お金を ＿＿＿＿（ないで／なくて）、店へ 行きました。

⑤ 来る

➡ 友達が ＿＿＿＿（ないで／なくて）、さびしかったです。

⑥ いる

➡ 誰も ＿＿＿＿（ないで／なくて）、びっくりしました。

어휘 및 표현

顔(かお) 얼굴 洗(あら)う 씻다 乗(の)る (탈것에) 타다 バス 버스 帰(かえ)る 돌아가다, 돌아오다 宿題(しゅくだい) 숙제
お腹(なか)が 空(す)く 배가 고프다 持(も)つ 가지다, 들다 お金(かね) 돈 店(みせ) 가게 さびしい 쓸쓸하다, 외롭다
誰(だれ)も 아무도 びっくりする 깜짝 놀라다

[1] 대화를 잘 듣고 어느 것이 먼저인지 알맞은 그림을 고르세요. 🎧 29

① ⓐ (   )

② ⓐ (   )

③ ⓐ (   )

ⓑ (   )

ⓑ (   )

ⓑ (   )

[2] 대화를 잘 듣고 내용과 맞으면 O, 틀리면 X를 하세요. 🎧 30

① 이 씨는 밥을 많이 먹지 않으면 안 됩니다. (   )

② 이 씨는 술을 그다지 마시지 않는 편이 좋습니다. (   )

③ 이 씨는 술을 그다지 좋아하지 않습니다. (   )

④ 이 씨는 차를 가지고 가지 않으면 안 됩니다. (   )

어휘 및 표현

동사의 ます형+に 来(く)る ~하러 오다 頑張(がんば)ってね 힘내, 열심히 해 飲(の)み会(かい) 회식 お酒(さけ)に 弱(よわ)い 술이 약하다
先(さき)に 먼저 もうすぐ 이제 곧 夏休(なつやす)み 여름방학, 여름휴가 すごく 굉장히, 몹시 楽(たの)しみだ 기다려지다, 고대되다
レポート 리포트 それはそれは 그것 참 忘(わす)れる 잊다 緊張(きんちょう)する 긴장하다 楽(たの)しみにする 낙으로 삼다
気(き)を付(つ)ける 조심하다, 주의하다 道(みち) 길 込(こ)む 붐비다, 혼잡하다

★ 우리말로 되어 있는 부분을 일본어로 바꿔 말해 보세요.

질문 1

一日中、何を しなければ なりませんか。

☐ (① 책을 읽지 않으면 안 됩니다.)

☐ (② TV를 보지 않으면 안 됩니다.)

☐ (③ 전철을 타지 않으면 안 됩니다.)

☐ (④ 커피를 마시지 않으면 안 됩니다.)

☐ (⑤ 공부를 하지 않으면 안 됩니다.)

☐ (⑥ 애인과 데이트를 하지 않으면 안 됩니다.)

☐ (⑦ 휴대전화를 사용하지 않으면 안 됩니다.)

☐ (⑧ 일을 하지 않으면 안 됩니다.)

☐ (⑨ 아침 일찍 일어나지 않으면 안 됩니다.)

질문 2

それでは、一日中、何を しなくても いいですか。

☐ (① 돈을 쓰지 않아도 됩니다.)

☐ (② 요리를 하지 않아도 됩니다.)

☐ (③ 한자를 외우지 않아도 됩니다.)

☐ (④ 애인에게 전화를 하지 않아도 됩니다.)

☐ (⑤ SNS를 하지 않아도 됩니다.)

☐ (⑥ 술을 마시지 않아도 됩니다.)

☐ (⑦ 편의점에 가지 않아도 됩니다.)

☐ (⑧ 음악을 듣지 않아도 됩니다.)

☐ (⑨ 청소를 하지 않아도 됩니다.)

Tip

～なければ なりません ～하지 않으면 안 됩니다. ～해야 합니다 / 電車に 乗る 전철을 타다 /
恋人と デートを する 애인과 데이트를 하다 / ケータイを 使う 휴대전화를 사용하다 /
朝早く 아침 일찍 / ～なくても いいです ～하지 않아도 됩니다 / お金を 使う 돈을 쓰다 /
ＳＮＳを する SNS를 하다 / コンビニに 行く 편의점에 가다

어휘 및 표현

一日中(いちにちじゅう) 하루 종일 それでは 그럼

Unit 11

パーティーに 参加<ruby>さん<rt></rt></ruby>する ことが できますか。

파티에 참가할 수 있습니까?

학습 목표

1 동사의 가능형

2 동사의 기본형+ことが できます ~할 수 있습니다

3 ~か どうか ~일지 어떨지, ~인지 어떤지

4 ~と 思<ruby>おも<rt></rt></ruby>います ~라고 생각합니다

金　山田さん、明日の パーティーに 参加する ことが できますか。

山田　あ、明日、パーティーですね。何時からですか。

金　午後 6時からですけど。

山田　明日は 忙しくて 6時までに 着けるか どうか 分かりません。

金　そうですか。土曜日にも 仕事が ありますか。

山田　週末は 休みですけど、明日は 来週の プレゼンの 準備が

あります。

金　それは 大変ですね。でも、パーティーは 夜遅くまで 続くと

思いますよ。

山田　そうですか。8時までには 行けると 思います。

金　よかったです。明日、ぜひ 来て くださいね。

어휘 및 표현

参加(さんか)する 참가하다　～までに ～까지 *기한　着(つ)く 도착하다　週末(しゅうまつ) 주말
プレゼン 프레젠테이션 *「プレゼンテーション」의 준말　準備(じゅんび) 준비　大変(たいへん)だ 힘들다, 큰일이다
続(つづ)く 계속되다　ぜひ 꼭

11 | パーティーに 参加する ことが できますか　97

[1] 동사의 가능형

1그룹	어미「う」단을「え」단으로 바꾸고 + る	買(か)う → 買(か)える 乗(の)る → 乗(の)れる 飲(の)む → 飲(の)める 話(はな)す → 話(はな)せる 入(はい)る → 入(はい)れる 주의
2그룹	어미「る」를 떼고 + られる	見(み)る → 見(み)られる 食(た)べる → 食(た)べられる
3그룹	する 来(く)る	する → できる 来(く)る → 来(こ)られる

- ┌ A : マイケルさんは はしが 使(つか)えますか。
  └ B : いいえ、はしは 使(つか)えません。

- この キッズカフェは 子供(こども)だけでは 入(はい)れません。

- ┌ A : あの、すみません。ちょっと お願(ねが)いできますか。
  └ B : はい、何(なん)でしょうか。

- あさっては 用事(ようじ)が あって 来(こ)られません。

어휘 및 표현

はし 젓가락 使(つか)う 사용하다, 쓰다 キッズカフェ 키즈 카페 ~だけでは ~만으로는 入(はい)る 들어오다, 들어가다
お願(ねが)いする 부탁드리다 あさって 내일모레 用事(ようじ) 볼일, 용무

98

[2] 동사의 기본형+ことが できます ~할 수 있습니다

- ┌ A : 冬には 富士山に 登る ことが できませんか。
  └ B : はい、富士山は 7、8月だけ 登る ことが できます。
- 今朝は 早く 起きたから、ゆっくり 食事する ことが できました。
- スマホを 家に 置いて 来て、メールを 送る ことが できません。

[3] ~か どうか ~일지 어떨지, ~인지 어떤지

- 荷物が 重くて 一人で 持てるか どうか 分かりません。
- レポートに 書いた 漢字が 正しいか どうか 確認して ください。
- 朴さんに 時間が 空いて いるか どうか 聞いて みましょう。

＊この ドラマの 最後が どう なるか 誰も 分かりません。 •┄┄┄┄

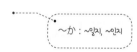

~か : ~일지, ~인지

[4] ~と 思います ~라고 생각합니다

- エアコンを つけたから、すぐ 涼しく なると 思います。
- あの 二人は たぶん 別れたと 思います。
- ビルの 中は 禁煙だと 思います。
- 大事な 内容は メモして おいた 方が いいと 思います。

어휘 및 표현

冬(ふゆ) 겨울 登(のぼ)る 오르다 ~だけ ~뿐, ~만 今朝(けさ) 오늘 아침 ゆっくり 천천히, 푹 置(お)く 두다, 놓다
送(おく)る 보내다 荷物(にもつ) 짐 正(ただ)しい 바르다, 맞다 確認(かくにん)する 확인하다 空(あ)く 비다
ドラマ 드라마 最後(さいご) 마지막, 최후 どう 어떻게 エアコンをつける 에어컨을 켜다 涼(すず)しい 선선하다
たぶん 아마, 십중팔구 別(わか)れる 헤어지다 禁煙(きんねん) 금연 大事(だいじ)だ 중요하다, 소중하다 内容(ないよう) 내용
~ておく ~해 두다, ~해 놓다 ~た 方(ほう)が いい ~하는 편이 좋다

[1]

보기 聞(き)く ➡ 聞(き)ける / 聞(き)けない

① 行(い)く ➡ _____ / _____   ② 作(つく)る ➡ _____ / _____

③ する ➡ _____ / _____   ④ 起(お)きる ➡ _____ / _____

⑤ 会(あ)う ➡ _____ / _____   ⑥ 着(つ)く ➡ _____ / _____

⑦ 来(く)る ➡ _____ / _____   ⑧ 入(はい)る ➡ _____ / _____

⑨ 送(おく)る ➡ _____ / _____   ⑩ 忘(わす)れる ➡ _____ / _____

[2]

보기 家(いえ)の 前(まえ)に 車(くるま)を 止(と)める

➡ A　家(いえ)の 前(まえ)に 車(くるま)を 止(と)める ことが できますか。

B1 はい、止(と)められます。

B2 いいえ、止(と)める ことが できません。

① 海(うみ)で 泳(およ)ぐ

➡ A _____

B1 はい、_____

② 飲(の)み物(もの)を 持(も)って 入(はい)る

➡ A _____

B2 いいえ、_____

어휘 및 표현

入(はい)る 들어가다, 들어오다 止(と)める 세우다 海(うみ) 바다 泳(およ)ぐ 헤엄치다, 수영하다 飲(の)み物(もの) 음료, 마실 것
持(も)つ 가지다, 들다

[3]

보기 木村が / どうか / 夜の 飲み会に / 分かりません / 来るか

➡ 夜の 飲み会に 木村が 来るか どうか 分かりません。

① 明日 / 出発 / 一緒に / どうか / 分かりません / できるか

➡ _____

② 教えて / 会社を / どうして / 辞めたか / ください

➡ _____

③ 安くて / どの ホテルが / みましょう / いいか / 調べて

➡ _____

[4]

보기 雪が たくさん 降りました

➡ たぶん 雪が たくさん 降ったと 思います。

① 10階に 会議室は ありません

➡ たぶん _____ と 思います。

② 外国での 一人暮らしは さびしかったです

➡ たぶん _____ と 思います。

③ 部長は その 話を 知って います

➡ たぶん _____ と 思います。

어휘 및 표현

飲(の)み会(かい) 회식　出発(しゅっぱつ) 출발　一緒(いっしょ)に 함께, 같이　教(おし)える 가르치다, 알려 주다
辞(や)める (일자리를) 그만두다　調(しら)べる 알아보다, 조사하다　雪(ゆき) 눈　たくさん 많이　降(ふ)る (비·눈 등이) 내리다, 오다
たぶん 아마, 십중팔구　〜階(かい) 〜층　会議室(かいぎしつ) 회의실　外国(がいこく) 외국　一人暮(ひとりぐ)らし 혼자서 삶
知(し)る 알다

[1] 다음을 잘 듣고 내용과 맞으면 O, 틀리면 X를 하세요. 32

OO랜드 자유이용권 이용 안내

00년 00월 00일

1. 입장 당일만 유효
2. 재입장 금지
3. 5세 미만 아동 동반 입장 가능(5세 이상 티켓 구입)
4. 음식·음료 반입 가능
5. 재판매 금지(본인만 가능)
6. 1,000엔 상당의 굿즈 구매 또는 식사 가능 쿠폰 포함
7. FAST PASS는 이용 불가(별도 티켓 구입시 가능)
   *FAST PASS는 인기 어트랙션을 기다리지 않고 이용 가능한 티켓

---

① (　　　)
② (　　　)
③ (　　　)
④ (　　　)
⑤ (　　　)
⑥ (　　　)
⑦ (　　　)
⑧ (　　　)

[2] 대화를 잘 듣고 내용과 맞는 것에 표시하세요. 그리고 빈칸에는 알맞은 말을 써 넣으세요.

33

① 박 씨는 내일 오후에는 시간이 (ⓐ 있습니다 / ⓑ 없습니다).

② 두 사람은 내일 몇 시에 만날 수 있을지 (ⓐ 압니다 / ⓑ 모릅니다).

③ 박 씨는 내일 몇 시에 끝납니까? (아마 _____ 시쯤 끝날 것이라고 생각합니다.)

④ 두 사람은 내일 만날 수 (ⓐ 있습니다 / ⓑ 없습니다).

어휘 및 표현

チケット 티켓, 표 一日(いちにち) 하루 入(はい)る 들어가다, 들어오다 ～た 後(あと)で ～한 후에 外(そと) 밖 出(で)る 나오다, 나가다
無料(むりょう) 무료 テーマパーク 테마파크 他(ほか)の 人(ひと) 다른 사람 売(う)る 팔다 ～分(ぶん) ～분, ～ 상당
ファストパス 패스트 패스 *인기 어트랙션을 기다리지 않고 이용 가능한 티켓 空(あ)く 비다 午前(ごぜん) 오전 ～中(ちゅう) ～ 중
予定(よてい) 예정 相談(そうだん) 상담 終(お)わる 끝나다 連絡(れんらく) 연락 ～頃(ごろ) ～경, ～쯤

★ 다음 장소에서 가능한 일들을 보기와 같이 묻고 답해 보세요.

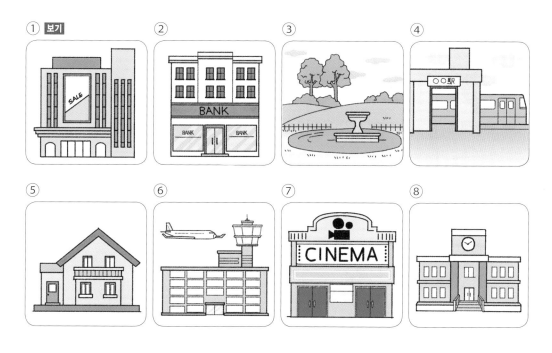

보기 A デパートでは 何が できますか。

B1 服を 買う ことが できます。おいしい 料理を 食べる ことが できます。

B2 服が 買えます。おいしい 料理が 食べられます。

 Tip

동사의 기본형+ことが できます ~할 수 있습니다 / 買い物を する 쇼핑을 하다 / お金を 下す 돈을 찾다 /
お金を 借りる 돈을 빌리다 / 散歩する 산책하다 / 運動を する 운동을 하다 / 切符を 買う 표를 사다 /
電車に 乗る 전철을 타다 / 食事を する 식사를 하다 / ビールを 飲む 맥주를 마시다 / 本を 読む 책을 읽다 /
ゆっくり 休む 푹 쉬다 / 寝る 자다 / 飛行機に 乗る 비행기를 타다 / 映画を 見る 영화를 보다 /
恋人と デートを する 애인과 데이트를 하다 / 勉強する 공부하다 / 友達と 遊ぶ 친구와 놀다

어휘 및 표현

デパート 백화점 できる 할 수 있다 服(ふく) 옷 買(か)う 사다 料理(りょうり) 요리

どこで 食^たべる？

어디에서 먹을래?

鈴木　これから ランチ 一緒に どう?

山田　いいよ。どこで 食べる?

鈴木　この前 一緒に 行った イタリアンレストランは どう?

山田　ああ、あの 店の パスタ、おいしかったね。

　　　食べたいけど、遠いし、時間も あまり ないから、

　　　この辺は どう?

鈴木　じゃ、すぐ 近くに おいしい ステーキ屋が あるよ。

　　　妻と 行った 時、とても 親切だったし、きれいな 店だったよ。

山田　いいね。一人 いくらぐらい するの?

鈴木　1,500円ぐらいだから、そんなには 高くないよ。

어휘 및 표현

ランチ 런치, 점심　この前(まえ) 일전, 요전　イタリアンレストラン 이탈리안 레스토랑　あの (과거의) 그　パスタ 파스타
遠(とお)い 멀다　この辺(へん) 이 근처　近(ちか)く 근처, 가까운 곳　ステーキ屋(や) 스테이크 가게　妻(つま) (자신의) 아내
一人(ひとり) 한 사람, 일인　いくら 얼마　～ぐらい ~정도　～の? (반말 문장 끝에 붙어서) ~니? *물음을 나타냄
そんなには 그렇게(까지)는 *정도를 나타냄　高(たか)い 비싸다, 높다　い형용사의 어간+くない ~지 않다

[1] 명사의 보통형

명사		보통형(=반말)
현재	긍정	うそだ
	부정	うそじゃない (=うそではない)
과거	긍정	うそだった
	부정	うそじゃなかった (=うそではなかった)

- これは 1万円じゃなくて、3万円だよ。
- トイレは そちらじゃない。
- 昨日は 土曜日だった。
- それは 冗談じゃなかった。

[2] な형용사의 보통형

な형용사		보통형(=반말)
현재	긍정	好きだ
	부정	好きじゃない (=好きではない)
과거	긍정	好きだった
	부정	好きじゃなかった (=好きではなかった)

- この 家は とても 広くて きれいだね。
- 運動は 好きだが、上手じゃない。
- 彼は あまり 話さないで、いつも 静かだった。
- 私は 学生の 時、あまり 真面目じゃなかった。

어휘 및 표현

うそ 거짓말 冗談(じょうだん) 농담 静(しず)かだ 조용하다 真面目(まじめ)だ 성실하다

[3] い형용사의 보통형

い형용사		보통형(=반말)	い형용사		보통형(=반말)
현재	긍정	忙<small>いそが</small>しい	과거	긍정	忙<small>いそが</small>しかった
	부정	忙<small>いそが</small>しくない		부정	忙<small>いそが</small>しくなかった

- 音楽<small>おんがく</small>を 聞<small>き</small>きながら、勉強<small>べんきょう</small>する 人<small>ひと</small>が 多<small>おお</small>い。
- この ビールは 冷<small>つめ</small>たくなくて、あまり おいしくない。
- 昨日<small>きのう</small>の 天気<small>てんき</small>は 本当<small>ほんとう</small>に よかった。
- その 国<small>くに</small>での 生活<small>せいかつ</small>は 楽<small>たの</small>しくなかった。

[4] 동사의 보통형

동사		보통형(=반말)		
		1그룹	2그룹	3그룹
현재	긍정	帰<small>かえ</small>る	起<small>お</small>きる	する　来<small>く</small>る
	부정	帰<small>かえ</small>らない	起<small>お</small>きない	しない　来<small>こ</small>ない
과거	긍정	帰<small>かえ</small>った	起<small>お</small>きた	した　来<small>き</small>た
	부정	帰<small>かえ</small>らなかった	起<small>お</small>きなかった	しなかった　来<small>こ</small>なかった

- 木村<small>きむら</small>さん、これ 食<small>た</small>べる？
- この 漢字<small>かんじ</small>の 読<small>よ</small>み方<small>かた</small>が 分<small>わ</small>からない。
- 昨日<small>きのう</small>は 友達<small>ともだち</small>に 会<small>あ</small>って、久<small>ひさ</small>しぶりに お酒<small>さけ</small>を 飲<small>の</small>んで 飲<small>の</small>みすぎて しまった。
- 日本<small>にほん</small>へ 彼女<small>かのじょ</small>に 会<small>あ</small>いに 行<small>い</small>かなければ ならなかった。

어휘 및 표현

冷(つめ)たい 차갑다　天気(てんき) 날씨　国(くに) 나라　生活(せいかつ) 생활　読(よ)み方(かた) 읽는 법　久(ひさ)しぶりに 오랜만에

[1]

보기 今日の 飲み会は 何時からですか。
　→ 今日の 飲み会は 何時から?

① 学校の テストは どうでしたか。

➡ ＿＿＿＿＿＿＿＿＿＿＿＿＿＿＿＿＿＿＿＿＿

② 静かで 頭が いい 人が 私の タイプです。

➡ ＿＿＿＿＿＿＿＿＿＿＿＿＿＿＿＿＿＿＿＿＿

③ 私が 注文したのは ココアじゃなかったです。

➡ ＿＿＿＿＿＿＿＿＿＿＿＿＿＿＿＿＿＿＿＿＿

[2]

보기 その スカートは 嫌いじゃないです。
　→ その スカートは 嫌いじゃない。

① 日本の 留学の 時は お金が なくて 大変でした。

➡ ＿＿＿＿＿＿＿＿＿＿＿＿＿＿＿＿＿＿＿＿＿

② あの ホテルは とても 広くて きれいです。

➡ ＿＿＿＿＿＿＿＿＿＿＿＿＿＿＿＿＿＿＿＿＿

③ 彼女は 学生の 時、あまり 真面目じゃなかったです。

➡ ＿＿＿＿＿＿＿＿＿＿＿＿＿＿＿＿＿＿＿＿＿

어휘 및 표현

飲(の)み会(かい) 회식　注文(ちゅうもん)する 주문하다　ココア 코코아　嫌(きら)いだ 싫어하다　留学(りゅうがく) 유학
大変(たいへん)だ 힘들다, 큰일이다

[3]

彼に 会えて よかったです。
➡ 彼に 会えて よかった。

① この コーヒー、冷たくないですか。

➡ _____

② 私が ハワイで 食べた パイナップルは 安くて おいしかったです。

➡ _____

③ 李さんは 料理が 上手で、作れないのは ありません。

➡ _____

[4]

보기 漢字の 書き方と 読み方が 分かりません。
➡ 漢字の 書き方と 読み方が 分からない。

① 金さんは 日本語と 英語が 話せます。

➡ _____

② 山田さんは 今、先生と 話して います。

➡ _____

③ 明日は 日曜日だから、会社に 行かなくても いいですが、恋人に 会わな

ければ なりません。

➡ _____

어휘 및 표현

パイナップル 파인애플 作(つく)る 만들다 書(か)き方(かた) 쓰는 법 話(はな)す 말하다, 이야기하다 恋人(こいびと) 연인, 애인

[1] 대화를 잘 듣고 질문에 맞는 답을 찾으세요. 🎧 35

① さゆりちゃんは 朝ご飯を 食べましたか。

　ⓐ はい　　　ⓑ いいえ

② さゆりちゃんは 温かい ミルクを 飲みますか。

　ⓐ はい　　　ⓑ いいえ

③ 今晩 さゆりちゃんは ヒロちゃんと 一緒に ご飯を 食べに 行きますか。

　ⓐ はい　　　ⓑ いいえ

④ さゆりちゃんは 昨日 早く 寝ましたか。

　ⓐ はい　　　ⓑ いいえ

[2] 어떤 사람의 하루 일과입니다. 다음을 잘 듣고 일어난 순서대로 (　　) 안에 번호를 써 넣으세요. 🎧 36

(　　)　　　(　　)　　　(　　)　　　(　　)

어휘 및 표현

元気(げんき) 기운 ない 없다 ううん 아니 ～の (반말 문장 끝에 붙어서) 가벼운 단정을 나타냄 温(あたた)かい (사물의 온도가) 따뜻하다
ミルク 밀크, 우유 今晩(こんばん) 오늘 밤 いけない 좋지 않다, 바람직하지 않다 特(とく)に 특히, 특별히, 딱히 スープ 수프, 국
ピンク色(いろ) 핑크색, 분홍색 ～として ～로써 ～すぎ (때를 나타내는 명사에 붙어) ～ 지남, ～ 넘음

★ 다음을 보통형으로 고친 후, 소리 내어 읽어 보세요.

私の 彼氏は 背が 低いですし、顔も 大きいですが、頭が よくて 性格も とても いいです。私の 彼氏を 見た ことが ある 私の 友達は ちょっと こわいと 言いますが、本当は とても 優しくて おもしろい 人です。

彼は シェフですので、私は 料理を しなくても いいですが、彼が 働いて いる レストランは いつも 忙しくて、デートする 時は いつも 私が 彼を 待たなければ なりません。それでも 私は 彼が そばに いて、とても 幸せ です。

 고쳐 봅시다

_____

_____

_____

_____

_____

Tip

～なくても いいです ～하지 않아도 됩니다 /

～なければ なりません ～하지 않으면 안 됩니다, ～해야 합니다

어휘 및 표현

背(せ)が 低(ひく)い 키가 작다　～し ～하고 *열거　顔(かお) 얼굴　頭(あたま) 머리　性格(せいかく) 성격　こわい 무섭다
優(やさ)しい 상냥하다　シェフ 셰프, 요리사, (특히 식당·호텔 등의) 주방장　働(はたら)く 일하다　忙(いそが)しい 바쁘다　そば 곁
幸(しあわ)せだ 행복하다

最
가장 **최**

一 冂 日 日 甼 昌 昂 昆 昻 最 最

관련어휘 最近 최근 最初 최초 最後 마지막, 최후 最高 최고 最低 최저

続
계속 **속**

く 幺 幺 糸 糸 糸 紵 紵 統 統 綜 綜 続

관련어휘 連続 연속 接続 접속 続出 속출 続く 계속되다 続ける 계속하다

変
변할 **변**

亠 亠 亣 亣 亦 亦 変 変

관련어휘 変化 변화 変だ 이상하다 大変だ 힘들다, 큰일이다 変わる 바뀌다 変える 바꾸다

食
밥 **식**

ノ 人 个 今 今 今 食 食 食

관련어휘 食事 식사 食品 식품 食欲 식욕 定食 정식 食べる 먹다

明
밝을 **명**

丨 冂 日 日 旷 明 明 明

관련어휘 説明 설명 発明 발명 明確 명확 明日 내일 明るい 밝다

[1] 다음 단어를 히라가나로 써 보세요.

① 最高 (　　　　　　　　　) 　② 接続 (　　　　　　　　　　)

③ 明確 (　　　　　　　　　) 　④ 変化 (　　　　　　　　　　)

⑤ 変だ (　　　　　　　　　) 　⑥ 定食 (　　　　　　　　　　)

[2] 다음 단어를 한자로 써 보세요.

① あかるい (　　　　　　　) 　② しょくひん (　　　　　　　　)

③ つづける (　　　　　　　) 　④ さいしょ (　　　　　　　　　)

⑤ せつめい (　　　　　　　) 　⑥ かわる (　　　　　　　　　　)

[3] 다음 밑줄 친 부분의 단어 중 한자로 되어 있는 것은 히라가나로, 히라가나로 되어
있는 것은 한자로 바꿔 써 보세요.

> <u>最近</u>、<u>暑</u>い <u>日</u>が <u>続</u>いて います。<u>さいこう</u> <u>気温</u>が 40<u>度</u>で、<u>雨</u>も あ
> 　①　　あつ　ひ　　　②　　　　　　　　　③　　　きおん　よんじゅう　ど　あめ
>
> まり <u>降</u>りません。<u>食欲</u>も あまり なくて、<u>食事</u>するのも <u>たいへん</u>です。
> 　ふ　　　　　　　④　　　　　　　　　　　　⑤　　　　　　⑥
>
> <u>あした</u>は <u>涼</u>しく なって、そばが おいしく <u>食べられる</u>と いいですね。
> 　⑦　　すず　　　　　　　　　　　　　　　　　⑧

부 록

Unit 01
今、どこに 行きますか。
지금 어디에 갑니까?

본문 회화 해석 ▶ p.11

김　　　: 야마다 씨, 안녕하세요. 지금 어디에 갑니까?
야마다 : 편의점에 갑니다. 김 씨는 아침을 먹었습니까?
김　　　: 예, 집에서 먹었습니다. 야마다 씨는요?
야마다 : 저는 편의점에서 삼각김밥을 먹을 겁니다.
　　　　김 씨는 몇 시에 일어납니까?
김　　　: 저는 매일 아침 6시에 일어납니다.
야마다 : 네? 이르네요. 졸리지 않습니까?
김　　　: 저는 아침형이기 때문에 괜찮습니다. 야마다 씨는
　　　　저녁형입니까?
야마다 : 예. 저는 밤늦게까지 자지 않기 때문에 아침 이른
　　　　것은 무리입니다.

패턴 훈련 정답 ▶ p.14

[1]
① 行きます
② 乗ります
③ します
④ 起きます
⑤ 待ちます
⑥ 来ます
⑦ 教えます
⑧ 休みます

[2]
① 李さんは 家で 料理を しますか。
　します。
② 森さんは 朝早く 起きますか。
　起きません。
③ 朴さんは 時々 お酒を 飲みますか。
　飲みません。

[3]
① 昨日の 夜、ゆっくり 休みましたか。
　休みました。
② この 本を 読みましたか。

読みませんでした。
③ 昨日は 早く 家に 帰りましたか。
　帰りませんでした。

[4]
① に
② で, に
③ に
④ に, で

듣기 훈련 스크립트&정답 ▶ p.16

스크립트

[1] (🎧 02)

A : 朴さん、こんにちは。明日 一緒に コーヒーで
　　もどうですか。
B : あ、田中さん、こんにちは。明日ですか。明日
　　は 学校に 行きますけど。
A : 学校から 何時に 帰りますか。
B : 3時頃 帰りますが、その後は テニスの 練習
　　が あります。
A : そうですか。忙しいですね。
B : 練習は 6時に 終わります。6時でも いいです
　　か。
A : 僕は 大丈夫ですよ。
B : では、6時に 電話します。

[2] (🎧 03)

私の 一日：私は 今日 7時に 起きました。それか
ら 8時に 家を 出ました。9時から 1時まで アル
バイトを しました。それから 2時に 友達に 会い
ました。友達と 一緒に 映画を 見ました。コーヒ
ーも 飲みました。9時に 家に 帰りました。明日は
日本語の テストが あります。それで 2時間ぐらい
勉強しました。そして 12時に 寝ました。

정답

[1]
① ×

② ○
③ ×
④ ○

[2]
ⓐ 起きました。
ⓑ 友達に 会いました。
ⓒ 勉強しました。
① 8時
② 1時
③ 12時

Unit 02
映画を 見に 行きます。
영화를 보러 갑니다.

본문 회화 해석 ▶ p.19

김 : 야마다 씨, 4월 20일은 휴일입니다만, 무엇을 할 겁니까?

야마다 : 20일 말입니까? 여동생과 함께 영화를 보러 갑니다.

김 : 좋겠네요. 영화는 무엇을 봅니까?

야마다 : '그를 만나고 싶습니다'라고 하는 영화를 봅니다. 괜찮다면 김 씨도 같이 가지 않겠습니까?

김 : 넷? 괜찮습니까? 실은 저도 그 영화가 보고 싶었어요. 몇 시에 어디에서 만날까요?

야마다 : 차로 가기 때문에 그 날 오후 4시에 저희 집 앞에서 만납시다.

패턴 훈련 정답 ▶ p.22

[1]
① 宝くじを 買いに 行きます。
② 授業を 受けに 行きます。
③ 友達の 家に 遊びに 行きます。

[2]
① 外国人と 友達に なりたいですか。
　なりたいです。
② 外国に 住みたいですか。
　住みたくないです。

[3]
① 音楽を 聞きませんか。
　聞きましょう。
② 買い物を しませんか。
　しましょう。
③ お酒を 飲みませんか。
　飲みましょう。

[4]
① ノートパソコンで 見ます。
② クレジットカードで 払います。

듣기 훈련 스크립트&정답 ▶ p.24

스크립트

[1] 🎧 05

A : 李さん、今週の 土曜日は 朴さんの 誕生日です。

B : えっ、そうですか。木村さんは 朴さんの プレゼントは 買いましたか。

A : いいえ、まだですが。

B : それじゃ、私と 一緒に 買いに 行きませんか。

A : いいですよ。いつが いいですか。私は 明日の 午後 7時なら、大丈夫ですが。

B : その 時間なら、私も 暇です。どこで 会いましょうか。

A : 駅の 前で 会いましょう。

B : はい、わかりました。

[2] 🎧 06

A : 今度の 連休は 長いですね。鈴木さんは 何を しますか。

B : 海へ 行きたいですね。新鮮で おいしい 刺身も 食べたいです。それから 彼女と スマホで きれいな 写真も 撮りたいです。朴さんは?

A : 私は 日本の 友達の 家へ 遊びに 行きます。

B : え〜? 日本の どこですか。

A : 千葉です。友達と テーマパークへ 行きたい
　　です。その テーマパークの ピザも 食べたい
　　し、グッズも 買いたいです。
B : いいですね。連休が 楽しみですね。

정답

[1]

① ×

② ×

③ ○

④ ○

[2]

① 鈴木 ― ⓐ 海
　　　　　 ⓑ 刺身
　　　　　 ⓒ 写真を 撮る
② 朴 ― ⓐ テーマパーク
　　　　 ⓑ ピザ
　　　　 ⓒ グッズを 買う

말하기 훈련 정답 ▶ p.25

高橋　金さん、来週の 週末は 何を しますか。

金　　友達と 一緒に (①ⓐ 영화를 보러 갑니다. ―
　　　ⓐ 映画を 見に 行きます。)

高橋　(②ⓑ 무엇을 보러 갑니까? ― ⓑ 何を 見に 行きま
　　　すか。)

金　　(③ⓒ ○○○을 봅니다. ― ⓒ ○○○を 見ます。)

高橋　(④ 저도 그것 보고 싶었습니다. ― 私も それ 見たか
　　　ったです。)

金　　そうですか。(⑤ 같이 가지 않겠습니까? ― 一緒に
　　　行きませんか。) 安い チケットが あります
　　　よ。

高橋　本当ですか。私も 一緒に 行きたいです。

金　　(⑥ 그렇게 합시다. ― そうしましょう。)

Unit 03

水を 飲みながら、お酒を 飲みます。
물을 마시면서 술을 마십니다.

본문 회화 해석 ▶ p.27

김　　　: 야마다 씨, 안색이 나쁘네요.

야마다 : 어제 소주를 너무 마셨습니다. 그래서 머리가 아파
　　　　요.

김　　　: 야마다 씨는 술이 약합니까?

야마다 : 그렇죠. 금방 얼굴이 빨개집니다.
　　　　그래서 물을 마시면서 술을 마십니다.

김　　　: 그거 좋네요. '소맥'이라는 술이 있습니다만.

야마다 : 아, 그거 소주와 맥주의 믹스죠?

김　　　: 네, 그것은 소주보다 마시기 편합니다.

야마다 : 그렇습니까? 다음번에는 '소맥'으로 합시다.

패턴 훈련 정답 ▶ p.30

[1]

① ビールは 飲みやすいですが、焼酎は 飲みにくい
　です。

② ひらがなは 覚えやすいですが、カタカナは 覚え
　にくいです。

③ 図書館は 勉強しやすいですが、カフェは 勉強し
　にくいです。

[2]

① ご飯を 食べすぎました。それで お腹が 一杯で
　す。

② 踊りすぎました。それで 体の あっちこっちが 痛
　いです。

③ 水を 飲みすぎました。それで トイレに 行きたい
　です。

[3]

① スマホの 地図を 見ながら、歩きます。

② 運動しながら、音楽を 聞きます。

③ 歌を 歌いながら、踊ります。

[4]

① 部屋の 掃除を しませんでした。それで 汚くなり
　ました。

② 彼女は 子供の 時から 背が 高かったです。それ
でモデルに なりました。

③ 新しい 駅が できました。それで この 町は 前より
にぎやかに なりました。

듣기 훈련 스크립트&정답 ▸ p.32

스크립트

[1] 🎧 08

① A : 日本語の 勉強は どうですか。
　　B : 少し 難しいですね。
　　A : 何が 難しいですか。
　　B : 漢字が 覚えにくいです。

② A : どうしましたか。
　　B : 頭が 痛いです。
　　A : 昨日、お酒を 飲みすぎましたか。
　　B : いいえ、私は お酒に 弱いです。それで、全
　　　　然 飲みませんでした。

③ A : 金さんは 勉強しながら、音楽を 聞きます
　　　　か。
　　B : いいえ、音楽は 好きですが、勉強する 時
　　　　は 音楽を 聞きません。

④ A : 最近は 雪が 降りませんね。気温も 高く な
　　　　りました。
　　B : そうですね。先週より 暖かく なりました。
　　　　もう 春ですよ。

[2] 🎧 09

① 今週は 働きすぎましたから、週末は 家で 寝
　　ます。
② 娘は 今年 二十歳に なりました。3月 大学生
　　に なります。
③ 日本語が 下手ですから、辞書を 引きながら、
　　手紙を 書きました。
④ この 作文は 字が 大きくて きれいです。それで
　　見やすくて 分かりやすいです。

정답

정답

[1]

① ⓐ

② ⓐ

③ ⓐ

④ ⓑ

[2]

① 今週は 働きすぎましたから
② 今年 二十歳に なりました、大学生に なります
③ 辞書を 引きながら、手紙を 書きました
④ 見やすくて 分かりやすいです

말하기 훈련 정답 ▸ p.33

田中	金さん、(① 눈이 빨개졌네요.－目が 赤く なりましたね。)
金	昨日の 夜、(② 드라마를 너무 봤습니다.－ドラマを 見すぎました。)
田中	え～、ドラマを 見ましたか。韓国の ドラマですか。
金	いいえ、日本のです。私は (③ 일본 드라마를 보면서 일본어를 공부합니다.－日本の ドラマを 見ながら、日本語を 勉強します。)
田中	そうですか。それで、(④ 최근에 일본어가 늘었군요.－最近 日本語が 上手に なりましたね。) 日本語の 勉強は どうですか。
金	(⑤ 한자는 외우기 어렵지만, 말하는 것은 매우 재미있습니다.－漢字は 覚えにくいですけど、話すのは とても おもしろいです。)
田中	漢字は やはり 難しいですね。じゃ、勉強 頑張って ください。

한자 훈련 ① Unit 01~03 ▶ p.34

정답

[1]
① おくじょう
② へや
③ ぶっか
④ ばいばい
⑤ のみもの
⑥ うごく

[2]
① 屋外
② 自動車
③ 人物
④ 物
⑤ 買い物
⑥ 飲酒

[3]
① 花屋
② 買いました
③ どうぶつ
④ のみたい

Unit 04
電車に 乗って、そちらに 向かっています。
전철을 타고 그쪽으로 가고 있습니다.

본문 회화 해석 ▶ p.37

박 : 여보세요, 야마다 씨, 지금 어디입니까?
야마다 : 지금 전철을 타고 그쪽으로 가고 있습니다.
박 : 저기, 지각이에요.
　　　모두 아까부터 회사 앞에서 기다리고 있습니다.
야마다 : 죄송합니다.
　　　늦잠을 자서 늘 타는 전철에 늦었습니다.
박 : 그렇습니까? 지금 타고 있는 전철은 몇 분에 도착
　　　합니까?
야마다 : 10분 후에 도착합니다.

박 : 그럼, 모두 다같이 역 쪽으로 갈 테니까, 빨리 와
　　　주세요.
야마다 : 아, 감사합니다.

패턴 훈련 정답 ▶ p.40

[1]
① 友達に 会って、何を しますか。
② 家に 帰って、何を しますか。
③ 日本に 行って、何が したいですか。

[2]
① 学校へ 行って ください。
② お金を 貸して ください。
③ 私の 話を 聞いて ください。
④ 明日 また 来て ください。
⑤ 一生懸命 勉強して ください。

[3]
① 電車を 待って います。
② 一人で お酒を 飲んで います。

[4]
① あそこで 歌を 歌って いる 人は 誰ですか。
② あそこで 日本語を 教えて いる 人は 誰ですか。

듣기 훈련 스크립트&정답 ▶ p.42

스크립트

[1] 🎧 11

　　これから パーティーの 準備を します。木村さ
ん、掃除を して ください。朴さんは 料理を 作っ
て ください。それから、李さんは 先生に 電話し
て ください。山田さんは ここに 来て、名前を カ
タカナで 書いて ください。以上、皆さん、よろし
く お願いします。

[2] 🎧 12

A : 金さん、楽しい パーティーですね。

B : あ、田中さん! そうですね。それに 音楽も いいですね。

A : ええ、あの、鈴木さんは どこですか。

B : あそこで スマホを 見て いる 人が 鈴木さんですよ。

A : あ〜、あそこに いましたね。あの、張さんが 見えませんね。

B : 張さんは キッチンで 料理を 作って います。

A : そうですか。もちろん 尹さんも 来ましたよね。

B : はい、そうです。あそこで ビールを 飲んで いる 人、見えますか。あの 人が 尹さんです。

A : えっ? きれいな 女の 人と 話して いる あの 人が 尹さんですか。

B : はい、そうです。

정답

[1]

(山田)　(朴)　(李)　(木村)

[2]

① 田中 － ⓓ
② 鈴木 － ⓒ
③ 張 － ⓐ
④ 尹 － ⓑ

말하기 훈련 정답 ▸ p.43

社員1	吉田さんは 何を して いますか。
社員2	(① 일본어로 이야기하고 있습니다. － 日本語で 話して います。)

社員1	(② 커피를 마시고 있는 사람은 누구입니까? － コーヒーを 飲んで いる 人は 誰ですか。)
社員2	鈴木さんです。
社員1	それでは、スマホを 見て いる 人は 李さんですか。
社員2	(③ 아니요, 뭔가를 쓰고 있는 사람이 이 씨입니다. － いいえ、何かを 書いて いる 人が 李さんです。)

Unit 05
風邪の 時は 無理しては いけませんよ。
감기일 때는 무리해서는 안 돼요.

본문 회화 해석 ▸ p.45

야마다 : 김 씨, 어째서 마스크를 하고 있습니까? 감기입니까?

김 : 예, 그렇습니다. 목도 아프고 콧물도 나옵니다.

야마다 : 네? 감기인데 이런 곳에서 무엇을 하고 있습니까?

김 : 친구를 기다리고 있습니다.
　　야마다 씨는 사라 씨를 압니까?

야마다 : 프랑스인인 사라 씨 말이죠? 저도 알아요.

김 : 그렇습니까? 지금부터 사라 씨와 산책하러 갑니다만, 괜찮으면 함께 어떻습니까?

야마다 : 넷? 산책해도 됩니까? 감기일 때는 무리해서는 안 돼요.

김 : 괜찮아요, 산책 정도는.

패턴 훈련 정답 ▸ p.48

[1]

① して いません。
② 読みました。
③ 来て いません。

[2]

① 知って いますか。/ 知りません。
② 結婚して いますか。/ 結婚して いません。

[3]

① コートを 着て、スカートを はいて、かばんを 持つ

て、ネックレスを して います。
② 帽子を かぶって、セーターを 着て、ズボンを は
　いて、運動靴を はいて います。

[4]
① 授業中に 韓国語を 使っても いいですか。
　使っては いけません。
② この 椅子に 座っても いいですか。
　座っても いいです。

듣기 훈련 스크립트&정답 ▶ p.50

【스크립트】

[1] 🎧 14

　朴さんは 結婚して います。1年 前から ソウル
に 住んで います。そして 空港で 働いて います。
子供が 一人 います。車は 持って いますが、家は
まだ 持って いません。

[2] 🎧 15

A : あの、すみません。ここで 写真を 撮っても い
　いですか。
B : はい、写真は 撮っても いいですが、フラッシ
　ュは だめですよ。
A : はい、わかりました。
B : あ、そして その コーヒーは 美術館の 中で 飲
　んでは いけませんよ。
A : そうですか。飲んでから 入ります。
B : ありがとうございます。また 絵に 触っては い
　けませんので、注意して くださいね。

【정답】

[1]

　　（ 　 ）　　　　（ 　 ）　　　（ ○ ）

[2]
① ⓑ
② ⓑ

Unit 06
ちょっと 前に ご飯を 食べて しまって。
조금 전에 밥을 먹어 버려서.

본문 회화 해석 ▶ p.53

김　　　: 야마다 씨, 안녕하세요.
야마다 : 아, 김 씨, 어서 오세요.
김　　　: 저어, 이거, 김치전을 좋아해서 만들었습니다.
　　　　 괜찮다면 드세요.
야마다 : 우와, 김치전입니까? 저 김치전을 아주 좋아합니다.
김　　　: 비도 내리고 있고, 냉장고에 신 김치가 있었기 때문
　　　　 에 만들어 보았습니다.
야마다 : 좋네요. 지금 당장이라도 먹고 싶습니다만, 조금 전
　　　　 에 밥을 먹어 버려서.
김　　　: 그렇습니까? 그럼, 냉장고에 넣어 두고 나중에 드
　　　　 세요.

패턴 훈련 정답 ▶ p.56

[1]
① 入っ
② 考え
③ 書い
④ 作っ

[2]
① 買っ
② 連絡し
③ 覚え

[3]
① 今日は 6時 前に 食べて しまいました。
② もう 送って しまいました。
③ 4時頃 帰って しまいました。

[4]
① 声が 小さくて、聞こえません。

② 漢字が 多くて、分かりにくいです。
③ この頃 店が 暇で、大変です。

듣기 훈련 스크립트&정답 ▶ p.58

듣기 훈련 스크립트&정답 ▶ p.58

스크립트

[1] 17

A : いらっしゃいませ。この ジュースを 飲んで み
てください。おいしいですよ。
B : それじゃ、いただきます。
C : お客さん、この セーターは どうですか。着て
みてください。
B : いい 色ですね。Lサイズは ありますか。
C : もちろん ありますよ。どうぞ。
B : インスタントラーメンが 安い! ヒロちゃん、こ
れ たくさん 買って おきましょうね。
D : うん。
E : お客さん、この マッサージチェアに 座って
みてください。
B : いいですか。

[2] 18

A : 朴さん、日本語が 上手ですね。どうやって 勉
強しましたか。
B : ありがとうございます。僕は 日本の 映画が
好きで、いつも 見て いました。それから、ク
ラスで 勉強した 言葉は、先生に 使って みま
した。
A : え〜、偉いですね。
B : あ、そうだ。スマホに 辞書の アプリを 入れ
て おきましたよ。
A : それは いい 考えですね。

정답

[1]

(○)　　　( )　　　(○)　　　(○)

[2]

( )　　　(○)　　　(○)　　　(○)

말하기 훈련 정답 ▶ p.59

A (① 오늘 하야시 씨는 무엇을 했습니까? ― 今日 林さん
は 何を しましたか。)
B 弟と 一緒に お祭りに 行きました。
A (② 하야시 씨는 유카타를 입고 갔습니까? ― 林さんは
浴衣を 着て 行きましたか。)
B いいえ、着て 行きませんでした。
A (③ 하야시 씨는 마쓰리에서 무엇을 봤습니까? ― 林さん
は お祭りで 何を 見ましたか。)
B 花火を 見ました。
A (④ 하야시 씨는 마쓰리에서 무엇을 먹었습니까? ― 林さ
んは お祭りで 何を 食べましたか。)
B 焼きそばと たこ焼きを 食べました。
A (⑤ 하야시 씨는 몇 시에 집에 돌아갔습니까? ― 林さん
は 何時に 家に 帰りましたか。)
B 夜10時に 帰りました。
A (⑥ 하야시 씨는 자기 전에 무엇을 했습니까? ― 林さん
は 寝る 前に 何を しましたか。)
B SNSに 写真を のせて おきました。

정답

[1]

① むこう

② くうかん

③ にんげん

④ とうちゃく

⑤ ふうけい

⑥ さぎょう

[2]

① 向かう

② 方向

③ 時間

④ 着席

⑤ 風 / 風邪

⑥ 作成

[3]

① 風

② 風邪

③ げんさく

④ せいさく

⑤ きかん

⑥ 台風

Unit 07
日本に 行った ことが ありますか。
일본에 간 적이 있습니까?

본문 회화 해석 ▶ p.63

야마다 : 김 씨는 일본에 간 적이 있습니까?

김　　 : 예. 간 적이 있습니다.

야마다 : 어디에 갔었습니까?

김　　 : 오사카, 홋카이도, 벳푸 등 다양한 곳에 갔었습니다.

야마다 : 그렇습니까? 저는 벳푸밖에 간 적이 없습니다.
　　　　 홋카이도는 어떤 곳이었습니까?

김　　 : 어디나 (모두) 예쁘고, 요리도 맛있었어요.

야마다 : 저도 가 보고 싶네요. 오사카는 어땠습니까?

김　　 : 오사카는 내가 여행한 곳 중에서 제일 번화했습니다.

야마다 : 일본인인 저보다 일본의 다양한 곳을 여행했네요.

패턴 훈련 정답 ▶ p.66

[1]

① 行った

② 取った

③ した

④ 切った

⑤ 覚えた

⑥ 聞いた

⑦ 来た

⑧ 話した

⑨ 呼んだ

⑩ 習った

[2]

① テストが 終わっ

② 吉田さんに 会っ

③ 食べすぎ

[3]

① 日本の 温泉に 行った ことが ありますか。
行った ことが あります。

② ボランティアに 参加した ことが ありますか。
参加した ことが あります。

③ 日本語で 手紙を 書いた ことが ありますか。
書いた ことが ありません。

[4]

① だけ

② しか

③ だけ

④ しか

[1] 🎧 20

A : 朴さんは ジェジュドに 行った ことが あります
か。

B : はい、ジェジュドは よく 行きますよ。

A : そうですか。じゃ、ハルラ山にも 登った こと
が ありますか。

B : はい、登った ことが あります。一度だけです
けど。

A : そうですか。僕は ジェジュドは 10回も 行きま
したけど、ハルラ山は まだです。

B : ジェジュドで パラグライダーを やった ことも
あります。

A : え、本当ですか。すごいですね。どうでした
か。

B : 少し こわかったですが、とても 楽しかったで
す。

[2] 🎧 21

① A : 李さんは フランス語を 習った ことが あり
ますか。

B : いいえ、フランス語は 習った ことは ありま
せんが、ドイツ語は 少しだけ 習った こと
が あります。

A : どうでしたか。

B : 英語より 難しかったです。

② A : 金さんは ハワイに 行った ことが あります
か。

B : ハワイですか。まだですけど。

A : 私も 行って みたいですけど、行った こと
が ありません。

B : そうですか。では、一緒に 沖縄に 行きまし
ょうか。

A : 沖縄、いいですね。日本の ハワイですね。

③ A : 山田さん、風邪を 引きましたか。

B : そうですね。昨日から 調子が 悪いです。

A : え、大変ですね。風邪を 引いた 時は 無理
しては いけませんよ。マスクを つけて ゆっ
くり 休んで ください。

정답

[1]

(○)　　(○)　　(　)　　(○)

[2]

① ⓑ

② ⓐ

③ ⓑ

말하기 훈련 정답 ▶ p.69

鈴木　李さんは (① 번지점프를 한 적이 있습니까? ─ バン
ジージャンプを した ことが ありますか。)

李　　はい、(② 아프리카에 갔을 때 한 적이 있습니다. ─ ア
フリカに 行った 時、した ことが あります。)

鈴木　うわ、すごいですね。こわくなかったです
か。

李　　(③ 처음에는 두근두근했지만. ─ 最初は どきどきし
ましたけど、) 思ったより こわくなかったで
す。

鈴木　そうですか。(④ 높지 않았습니까? ─ 高くなかっ
たですか。)

李　　111 メートルぐらいでしたよ。

鈴木　うわ、すごいですね。(⑤ 언젠가 저도 해 보고 싶
네요 ─ いつか 私も やって みたいですね。)

李　　とても 楽しかったです。(⑥ 나중에 꼭 해 보세요.
─ 後で ぜひ やって みて ください。)

Unit 08
野菜や魚を食べたり 歩いたりしています。
채소랑 생선을 먹거나 걷거나 하고 있습니다.

본문 회화 해석 ▶ p.71

야마다 : 김 씨, 요즘 건강 붐이네요. 무언가 하고 있습니까?

김 : 글쎄요. 딱히 아무것도 하고 있지 않습니다만, 채소 랑 생선을 먹거나 걷거나 하고 있습니다.
야마다 씨는 어떻습니까?

야마다 : 저는 항상 일찍 자고 일찍 일어나거나 주 2회 요가 에 다니거나 하고 있습니다. 그리고 주말에는 저녁 밥을 먹은 후에 개와 산책하고 있습니다.

김 : 그래서 야마다 씨가 늘 건강하게 일을 하고 있는지 도 모르겠네요.

야마다 : 그러게요. 아, 맞다. 김 씨, 채소도 좋지만, 고기도 조금은 먹는 편이 좋아요.

김 : 예, 알겠습니다.

패턴 훈련 정답 ▶ p.74

[1]
① 少し 休んだ 方が いいです。
② 薬を 飲んだ 方が いいです。
③ 毎日 運動した 方が いいです。

[2]
① 授業を 受け, レポートを 書い
② コーヒーを 飲ん, インターネットカフェに ゲーム をしに 行っ
③ 料理を 作っ, 掃除し

[3]
① 図書館に 行って 勉強した 後で、家に 帰ります。
② みんなで ご飯を 食べた 後で、コーヒーを 飲み に 行きます。
③ 映画を 見た 後で、レストランで 食事を します。

[4]
① お金持ちかもしれません。
② 雨が 降るかもしれません。
③ 英語も 上手かもしれません。

듣기 훈련 스크립트&정답 ▶ p.76

스크립트

[1] 🎧 23

A : 皆さん、起きて ください。もう 8時ですよ。

B1·B2 : はい。

A : 顔と 手を 洗って、ご飯を 食べて くださいね。 それから、ご飯を 食べた 後で、お皿は 自分 で 洗って おいて ください。

B1·B2 : はい、わかりました。

A : そして 12時までは 自由時間です。友達と 遊 んだり 散歩したり して ください。

[2] 🎧 24

A : 金さん、暇な 時、何を しますか。

B : テレビを 見たり 散歩したり します。木村さん は?

A : 私は 図書館に 行って 勉強したり バイトを し たり します。山田さんは どうですか。

C : 映画を 見たり 友達の 家へ 遊びに 行ったり し ます。

정답

[1]

(○)　　(　)　　(○)　　(○)

[2]
① テレビを 見たり 散歩したり します。
② 図書館に 行って 勉強したり バイトを したり しま す。
③ 映画を 見たり 友達の 家へ 遊びに 行ったり しま す。

鈴木　朴さん、(①일본어를 잘하네요. − 日本語が 上手ですね。)

朴　あ、ありがとうございます。

鈴木　(②언제부터 배웠습니까? − いつから 習いましたか。)

朴　1年 前から 始めました。

鈴木　えっ? 1年 前ですか。どうやって 勉強しましたか。

朴　(③매일 한자를 외우거나 일본 드라마를 보거나 했습니다. − 毎日 漢字を 覚えたり 日本の ドラマを 見たり しました。)

鈴木　偉いですね。

朴　(④드라마를 본 후에. − ドラマを 見た 後で、) 文章を 書いて みました。

(⑤좋은 공부가 되었습니다. − いい 勉強に なりました。)

鈴木　(⑥역시 즐겁게 공부하는 편이 가장 좋군요. − やっぱり 楽しく 勉強した 方が 一番 いいですね。)

朴　そうですね。

Unit 09
私は 家族で ベトナムに 行く 予定です。
저는 가족끼리 베트남에 갈 예정입니다.

본문 회화 해석 ▶ p.79

김　　　: 이번 황금연휴에는 무엇을 할 생각입니까?

야마다 : 아직 정해지지 않았지만, 어딘가 여행하러 가고 싶습니다.

김　　　: 그렇습니까? 저는 가족끼리 베트남에 갈 예정입니다.

야마다 : 호텔과 비행기 예약은 했습니까?

김　　　: 비행기는 괜찮았습니다만, 호텔 예약을 할 수 없었기 때문에 걱정입니다.

야마다 : 네? 만실입니까?

김　　　: 예, 이제부터 다른 웹사이트에서 민박을 알아볼 생각입니다.

야마다 : 그게 좋겠네요. 그리고 출발 전에 예약 확인을 잊지 마세요.

패턴 훈련 정답 ▶ p.82

[1]

① 座らない / 座らなかった
② 歩かない / 歩かなかった
③ しない / しなかった
④ 遅れない / 遅れなかった
⑤ 買わない / 買わなかった
⑥ 待たない / 待たなかった
⑦ 来ない / 来なかった
⑧ 見えない / 見えなかった
⑨ 入らない / 入らなかった
⑩ 使わない / 使わなかった

[2]

① 来ないで ください。
② 撮らないで ください。
③ 吸わないで ください。

[3]

① 家族と 食事を する 予定です。
② 髪を 切る つもりです。

[4]

① なので
② したので
③ かったので

듣기 훈련 스크립트&정답 ▶ p.84

스크립트

[1] 🎧 26

A : 金さん、明日、忘れないで ください。

B : え? 明日? 明日 何か ありますか。

A : ああ、また 忘れて いましたか。明日は 木村先生の ゼミですよ。

B : あ、そうでしたね。ごめんなさい。メモして おきます。

A : そして、朝 8時からですから、絶対 遅れない
　　で くださいね。
B : はい、わかりました。

[2] 🎧 27

① A : ゆなちゃん、彼氏、いますか。
　B : 5年間 付き合って いる 彼氏が います。
　A : そうですか。5年ですか。長いですね。結
　　婚する 予定は ありますか。
　B : いいえ、とても いい 人で 好きですけど、
　　結婚は する つもりは ありません。
② A : まりちゃん、顔色が 悪いですね。
　B : 一日中 ハイヒールを はいて 働きました。
　　それに お昼も 食べる 時間が ありません
　　でしたから。
　A : え、長時間の ハイヒールは 体に よくない
　　ですよ。
　B : それは 分かって いますけど、仕事上の ル
　　ールなので。
③ A : 先輩、明日の 会議ですが。
　B : はい、朴さん。何か ありますか。
　A : 明日、うちの 引っ越しで 会議に 出席でき
　　ません。
　B : そうですか。しょうが ないですね。引っ越
　　しですから。
　A : すみません。大事な 会議なのに…。
　B : 会議の 準備は 全部 終わったから、大丈夫
　　ですよ。心配しないで ください。

정답

[1]

① ○

② ○

③ ×

④ ×

[2]

① ⓑ

② ⓐ

③ ⓐ

말하기 훈련 정답 ▶ p.85

A (① 박 씨는 내년에 무엇을 할 생각입니까? ー 朴さんは
来年 何を する つもりですか。)

B 日本の 大学に 留学する つもりです。

A (② 박 씨의 꿈은 무엇입니까? ー 朴さんの 夢は 何で
すか。)

B デザイナーに なる ことです。

A (③ 일본에서는 무슨 공부를 할 생각입니까? ー 日本では
何の 勉強を する つもりですか。)

B ファッションデザインを 勉強する つもりです。

A (④ 박 씨는 무엇을 좋아합니까? ー 朴さんは 何が 好
きですか。)

B 絵を 描いたり 何かを 作ったり する ことが 好
きです。

A (⑤ 박 씨는 7월에 무엇을 할 예정입니까? ー 朴さんは
7月に 何を する 予定ですか。)

B 日本語試験を 受ける 予定です。

한자 훈련 ③ Unit 07~09　　▶ p.86

정답

[1]

① きょう

② げんりょう

③ とくちょう

④ じこ

⑤ きめる

⑥ ことし

[2]

① 今朝

② 仕事

③ 特に

④ 決まる

⑤ 事

⑥ 特別

[3]

① 火事

② りょうり

③ 材料

④ こと

⑤ とくに

Unit 10

人が 大勢 いる 所には 行かない 方が いいですよ。

사람이 많이 있는 곳에는 가지 않는 편이 좋아요.

본문 회화 해석 ▶ p.89

선생님 : 오늘은 매우 춥고 바람도 차네요.

김 : 아, 선생님, 안녕하세요. 네, 어제보다 춥네요.

선생님 : 요즘 기침을 하는 환자가 많아서 사람이 많이 있는 곳에는 가지 않는 편이 좋아요.

김 : 그러게요. 게다가 항상 손을 깨끗하게 씻지 않으면 안 되죠.

선생님 : 저도 가족이 걱정이어서 늘 그렇게 말하고 있습니 다만, 아들이 그다지 씻지 않아서 걱정입니다.

김 : 하하하, 아직 다섯 살이니까, 그렇게 잔소리 하지 않아도 돼요.

패턴 훈련 정답 ▶ p.92

[1]

① 休まない 方が いいです。

② 写真を 撮らない 方が いいです。

③ 言わない 方が いいです。

[2]

① 朝、6時に 起きなければ なりませんか。
朝、6時に 起きなくても いいです。

② 毎日、日本語を 勉強しなければ なりませんか。
毎日、日本語を 勉強しなくても いいです。

[3]

① 乗ら(ないで / なくて)

② し(ないで / なくて)

③ 食べ(ないで / なくで)

④ 持た(ないで / なくて)

⑤ 来(ないで / なくて)

⑥ い(ないで / なくて)

듣기 훈련 스크립트&정답 ▶ p.94

스크립트

[1] 🎧 29

① A : ママ、1時頃、友達が 家に 遊びに 来ますよ。

B : えっ？ 聞いて いないよ。部屋の 掃除は？

A : ああ、今から 部屋の 掃除を しなければ なりませんね。

B : 頑張ってね。

② A : 今日は 6時 半から 飲み会です。

B : 僕、お酒に 弱いですよ。

A : それじゃ、先に ご飯を たくさん 食べなければ なりませんね。

③ A : アヤさん、もう すぐ 夏休みですね。何を しますか。

B : 彼氏と 海に 遊びに 行く 予定です。すごく 楽しみです。でも、その 前にレポートを 書かなければ なりません。

A : それはそれは。

[2] 🎧 30

A : 李さん、明日、うちに 来るのを 忘れて いませんよね。

B : はい、緊張して います。

A : お母さんが とても 楽しみに して いますよ。

B : そうですか。何か 気を 付けなければ ならないことは ありますか。

A : そうですね。無理して ご飯を 食べない 方が

いいですね。そして、お酒は あまり 飲まなくて
も いいですよ。李さんは お酒が 好きですから、
ちょっと 心配です。それから、車を 持って 来な
い 方が いいです。道が 込みますから。

정답

[1]

① ⓑ

② ⓐ

③ ⓑ

[2]

① ✕

② ○

③ ✕

④ ✕

말하기 훈련 정답 ▶ p.95

질문1 一日中、何を しなければ なりませんか。

☐ (① 책을 읽지 않으면 안 됩니다. ー 本を 読まなければ
なりません。)

☐ (② TV를 보지 않으면 안 됩니다. ー テレビを 見なけ
れば なりません。)

☐ (③ 전철을 타지 않으면 안 됩니다. ー 電車に 乗らなけ
れば なりません。)

☐ (④ 커피를 마시지 않으면 안 됩니다. ー コーヒーを 飲
まなければ なりません。)

☐ (⑤ 공부를 하지 않으면 안 됩니다. ー 勉強を しなけれ
ば なりません。)

☐ (⑥ 애인과 데이트를 하지 않으면 안 됩니다. ー 恋人と デ
ートを しなければ なりません。)

☐ (⑦ 휴대전화를 사용하지 않으면 안 됩니다. ー ケータイ
を 使わなければ なりません。)

☐ (⑧ 일을 하지 않으면 안 됩니다. ー 仕事を しなければ
なりません。)

☐ (⑨ 아침 일찍 일어나지 않으면 안 됩니다. ー 朝早く 起き
なければ なりません。)

질문2 それでは、一日中、何を しなくても いい
ですか。

☐ (① 돈을 쓰지 않아도 됩니다. ー お金を 使わなくても
いいです。)

☐ (② 요리를 하지 않아도 됩니다. ー 料理を しなくても
いいです。)

☐ (③ 한자를 외우지 않아도 됩니다. ー 漢字を 覚えなくて
も いいです。)

☐ (④ 애인에게 전화를 하지 않아도 됩니다. ー 恋人に 電話
を しなくても いいです。)

☐ (⑤ SNS를 하지 않아도 됩니다. ー SNSを しなくても
いいです。)

☐ (⑥ 술을 마시지 않아도 됩니다. ー お酒を 飲まなくて
も いいです。)

☐ (⑦ 편의점에 가지 않아도 됩니다. ー コンビニに 行か
なくても いいです。)

☐ (⑧ 음악을 듣지 않아도 됩니다. ー 音楽を 聞かなくて
も いいです。)

☐ (⑨ 청소를 하지 않아도 됩니다. ー 掃除を しなくても
いいです。)

Unit 11

パーティーに 参加する ことが できますか。
파티에 참가할 수 있습니까?

본문 회화 해석 ▶ p.97

김　　　: 야마다 씨, 내일 파티에 참가할 수 있습니까?

야마다 : 아, 내일, 파티 말이군요. 몇 시부터입니까?

김　　　: 오후 6시부터입니다만.

야마다 : 내일은 바빠서 6시까지 도착할 수 있을지 어떨지
모르겠습니다.

김　　　: 그렇습니까? 토요일에도 일이 있습니까?

야마다 : 주말은 쉬는 날입니다만, 내일은 다음 주 프레젠테
이션 준비가 있습니다.

김　　　: 그건 힘들겠네요. 하지만 파티는 밤늦게까지 계속
될 거라고 생각해요.

야마다 : 그렇습니까? 8시까지는 갈 수 있을 거라고 생각합
니다.

김　　　: 잘됐습니다. 내일 꼭 와 주세요.

패턴 훈련 정답 ▶ p.100

[1]
① 行ける / 行けない
② 作れる / 作れない
③ できる / できない
④ 起きられる / 起きられない
⑤ 会える / 会えない
⑥ 着ける / 着けない
⑦ 来られる / 来られない
⑧ 入れる / 入れない
⑨ 送れる / 送れない
⑩ 忘れられる / 忘れられない

[2]
① 海で 泳ぐことが できますか。
　　泳げます。
② 飲み物を 持って 入ることが できますか。
　　持って 入ることが できません。

[3]
① 明日 一緒に 出発できるか どうか 分かりません。
② 会社を どうして 辞めたか 教えて ください。
③ どの ホテルが 安くて いいか 調べて みましょう。

[4]
① 10階に 会議室は ない
② 外国での 一人暮らしは さびしかった
③ 部長は その 話を 知って いる

듣기 훈련 스크립트&정답 ▶ p.102

스크립트

[1] 🎧 32

① この チケットは 一日だけ 使えます。
② 入った 後で 外に 出ることが できます。
③ 7歳の 子供は 無料で 入れます。
④ テーマパークの 中で 食べたり 飲んだり する ことが できます。

⑤ 他の 人に チケットを 売る ことは できません。
⑥ この チケットで 1,000円分の 買い物は できません。
⑦ この チケットで 1,000円分の 食事を する ことが できます。
⑧ 「ファストパス」も 利用できます。

[2] 🎧 33

A : 朴さん、明日 時間 空いて いますか。
B : 明日ですか。午前中は 予定が 入って いますけど。
A : そうですか。じゃ、午後は 会えますか。ちょっと 相談が ありますが。
B : 午後は 大丈夫ですよ。でも、何時に 終わるか よく 分かりません。
A : 私は 家に いる つもりですから、終わった 後で 連絡くださいね。
B : はい、わかりました。たぶん 1時頃 終わると 思います。また 連絡しますね。
A : はい、じゃ、明日 会いましょう。

정답

[1]

① ○

② ×

③ ×

④ ○

⑤ ○

⑥ ×

⑦ ○

⑧ ×

[2]

① ⓐ 있습니다

② ⓑ 모릅니다

③ 1

④ ⓐ 있습니다

どこで 食べる?
어디에서 먹을래?

본문 회화 해석 ▶ p.105

스즈키 : 지금부터 점심 같이 어때?

야마다 : 좋아. 어디에서 먹을래?

스즈키 : 요전에 함께 갔던 이탈리안 레스토랑은 어때?

야마다 : 아-, 그 가게 파스타, 맛있었지.

　　　　먹고 싶지만 멀고, 시간도 별로 없으니까,

　　　　이 근처는 어때?

스즈키 : 그럼, 바로 근처에 맛있는 스테이크 가게가 있어.

　　　　아내와 갔을 때 매우 친절했고, 깨끗한 가게였어.

야마다 : 좋네. 한 사람에 얼마 정도 해?

스즈키 : 1,500엔 정도니까, 그렇게(까지)는 비싸지 않아.

패턴 훈련 정답 ▶ p.108

[1]

① 学校の テストは どうだった?

② 静かで 頭が いい 人が 私の タイプだ。

③ 私が 注文したのは ココアじゃなかった。

[2]

① 日本の 留学の 時は お金が なくて 大変だった。

② あの ホテルは とても 広くて きれいだ。

③ 彼女は 学生の 時、あまり 真面目じゃなかった。

[3]

① この コーヒー、冷たくない?

② 私が ハワイで 食べた パイナップルは 安くて おいしかった。

③ 李さんは 料理が 上手で、作れないのは ない。

[4]

① 金さんは 日本語と 英語が 話せる。

② 山田さんは 今、先生と 話して いる。

③ 明日は 日曜日だから、会社に 行かなくても いいが、恋人に 会わなければ ならない。

듣기 훈련 스크립트&정답 ▶ p.110

스크립트

[1] 🎧 35

A : さゆりちゃん、元気ないね。

B : あ、ヒロちゃん、大丈夫よ。

A : 朝ご飯は 食べた?

B : ううん、まだ 食べて いないよ。何も 食べたく ないの。

A : それじゃ、温かい ミルクでも 飲んで みる?

B : うん、ありがとう。

A : 今晩、おいしい ものでも 食べに 行く?

B : いいけど、昨日 あまり 寝て いなくて。

A : 何時に 寝たの?

B : 2時かな。

A : それは いけないよ。早く 寝た 方が いいよ。

[2] 🎧 36

　　今日は 5月 10日、私の 誕生日だ。朝、8時に 起きて、母が 作った 朝ご飯を 食べた。とても おいしかった。母は 料理が 上手で、特に スープが おいしく 作れる。犬と 散歩した 後で、11 時に 母と 一緒に デパートへ 買い物に 行った。とても かわいい 靴が あったが、母は そんなに 高いのは だめだよと 言ったので、安い ピンク色の セーターを 私の 誕生日 プレゼントとして 買った。午後 3時に 友達と 駅の 前で 会って、映画館に 行った。映画は とても おもしろかった。それから 晩ご飯を 食べながら、ビールを たくさん 飲んだ。家へ 帰って 来たのは 11 時すぎだった。今年の 誕生日は 本当に 楽しかった。

정답

[1]

① ⓑ いいえ

② ⓐ はい

③ ⓑ いいえ

④ ⓑ いいえ

[2]

(1)　　(4)　　(2)　　(3)

말하기 훈련 정답 ▶ p.111

私の 彼氏は 背が 低いし、顔も 大きいが、頭
が よくて 性格も とても いい。私の 彼氏を 見た
ことが ある 私の 友達は ちょっと こわいと 言う
が、本当は とても 優しくて おもしろい 人だ。
　　彼は シェフなので、私は 料理を しなくても
いいが、彼が 働いて いる レストランは いつも
忙しくて、デートする 時は いつも 私が 彼を 待た
なければ ならない。それでも 私は 彼が そばに
いて、とても 幸せだ。

한자 훈련 4 Unit 10~12 ▶ p.112

정답

[1]

① さいこう

② せつぞく

③ めいかく

④ へんか

⑤ へんだ

⑥ ていしょく

[2]

① 明るい

② 食品

③ 続ける

④ 最初

⑤ 説明

⑥ 変わる

[3]

① さいきん

② つづいて

③ 最高

④ しょくよく

⑤ しょくじ

⑥ 大変

⑦ 明日

⑧ たべられる

단어 색인

せ

そ

た

ち

144